JN120995

派遣先に知ってほしい派遣法の実務

その業務委託、派遣（偽装請負）ではありませんか？

社会保険労務士
中村文彦

はじめに

　労働者派遣は、雇用関係（派遣会社＝派遣元）と指揮命令関係（派遣社員の受入先＝派遣先）が異なるという特殊な働き方の制度です。特殊な制度なので、派遣会社だけではなく、派遣先においても特殊な労務管理が必要となります。

　しかし、労働者派遣法に関する書籍の大半は派遣会社の立場で書かれたものであって、派遣先が本当に必要とする項目に絞った書籍はほとんど見当たりません。

　本書は、既に派遣先となっている会社や、これから派遣社員を受け入れるのか業務委託とするのかを検討している会社の方が、必要かつ十分とする内容の情報を厳選し、Q&A というわかりやすい形でまとめました。

　昨今、原材料費や人件費が高騰してきており、会社はコストの見直しや、人材確保による生産性の向上が喫緊の課題となっています。

　その中で、例えば令和 5 年 10 月から始まるインボイス制度も相まって、直接雇用から消費税の仕入税額控除ができる派遣労働者の受入れや業務請負契約への移行を検討する会社が増えているようです。また、社会保険の適用拡大を踏まえ、会社負担が何とかならないか苦慮している、という話もよく耳にします。

　さらには、令和 3 年 4 月から施行された高年齢者雇用安定法において、高年齢者に対する就業を確保するための措置のひとつとして、「70 歳まで継続的に業務委託契約を締結する制度の導入」が挙げられており、今後、直接雇用か業務委託かを検討しなければならないケースが増えてくるでしょう。

　しかし、形だけの労働者派遣や業務委託は、実態が直接雇用であったと裁判などで判断されると、多額の未払い賃金の支払いに

直結するといったリスクが潜んでいます。どのような戦略でコスト削減と人材確保を図るのか、新たな制度の導入を検討する場合にも本書を活用してください。

　本書では、近年の少子高齢化による働き手の減少により増えてきた、日本で働く外国人労働者に関する派遣受入れについても触れました。

　派遣された労働者が外国人であった場合、派遣先においても日本人とは異なる労務管理が必要になります。出入国管理法をきちんと理解していないと、在留資格（就労ビザ）の種類によっては、「許可された範囲外の仕事」や「就労許可時間を超えた残業」を指示してしまうことにより、派遣先も不法就労助長罪に問われてしまうことがあるからです。

　本書では、派遣先が最低限知っておかなければならない在留資格の制度についても記載しましたので、派遣先におけるリスクを認識した上で制度の活用をしていただければ幸甚です。

　最後に、本書の作成に当たり、熊本で社会保険労務士・キャリアコンサルタントとして活躍されている村上千佳子さんには、企画当初の段階からいろいろと相談に乗っていただきました。心から感謝を申し上げます。

2023 年 3 月
　　　　　　社会保険労務士／特定行政書士　　　中村　文彦

目　次

第3章　派遣労働者の受け入れ準備

第5章　受け入れている派遣労働者への対応

第6章　原則禁止の日雇派遣

第7章　フリーランスと雇用の境界線

第1章

労働者派遣の基礎知識

Q1　労働者派遣法は何を目的としていますか

A　労働者派遣法は、「職業安定法と相まって」「派遣労働者の雇用の安定その他福祉の増進に資することを目的とする」と定められています（派遣法第1条）。

この考え方は、派遣労働という働き方や派遣労働者の利用は、原則として臨時的・一時的なものであることが前提になっています。労働者派遣法は、派遣労働者を次々と使い回す常用代替を防止するとともに、派遣労働者のより一層の雇用の安定、キャリアアップを図ることを目的としています。

労働者派遣とは

労働者派遣とは、「自己の雇用する労働者を、当該雇用関係の下に、かつ、他人の指揮命令を受けて、当該他人のために労働に従事させることをいい、当該他人に対し当該労働者を当該他人に雇用させることを約してするものを含まない」ものと定義されています（派遣法第2条第1号）。

労働者派遣における派遣元事業主、派遣先、派遣労働者の三者間の関係は、

・派遣元事業主と派遣労働者との間に雇用関係がある
・派遣元事業主と派遣先との間に労働者派遣契約が締結され、この契約に基づき、派遣元事業主が派遣先に労働者を派遣する
・派遣先は派遣元事業主から委託された指揮命令の権限に基づき、派遣労働者を指揮命令する

となります。

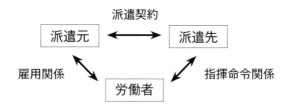

通常は同一である「雇用関係」と「指揮命令関係」が別々になって
しまうことが労働者派遣の最大の特徴になります。

通常の雇用関係

なお、労働者派遣事業については、労働者派遣法に基づき許可制で
行うことになります。「許可」とは、原則として禁止されている行為を、
特定の場合（例えば、要件を全て満たした場合）に「禁止」を解き、
特別にその行為をすることが許される行政処分のことです。

労働者派遣は「中間搾取」ではない

労働基準法第6条には、「中間搾取の排除」として次のように定め
られています。

> 何人も、法律に基いて許される場合の外、業として他人の就業に
> 介入して利益を得てはならない。

要するに「ピンハネの禁止」ということです。

この規定に違反した場合は、「1年以下の懲役又は50万円以下の罰
金に処する」とされています。これは、労働基準法の中では「強制労
働」に次いで重い罰則となっています。

「何人」（なんぴと）とは、「いかなる人」という意味です。事業主に限定されず、個人や団体、公人・私人を問いません。したがって、公務員であっても違反行為の主体になるということです（昭和23.3.2基発第381号）。

　「法律に基いて許される場合の外」とは、具体的には、職業安定法や船員職業安定法などに基づく場合を指しています。

　「業として利益を得る」とは、営利を目的として、同種の行為を反復継続することをいいます。したがって、1回の行為であっても、反復継続して利益を得る意思があれば「業として利益を得る」ことになります。主業であっても副業であっても問われません。

　また、「利益」とは、手数料、報償金、金銭以外の財物など名称を問わず、また有形無形も問われません。使用者より利益を得る場合のみに限らず、労働者や第三者より利益を得る場合も含まれます（昭和23.3.2基発第381号）。

　労働者派遣は、派遣元事業主と派遣労働者との間の雇用関係と、派遣先と派遣労働者との間の指揮命令関係を合わせたものが全体として派遣労働者の「労働関係」となるものです。

　そのため、派遣元事業主による労働者の派遣は、「労働関係」の外にある第三者が他人の労働関係に介入するものではなく、「中間搾取」には該当しないとされています。

派遣労働者の労働関係

Q2 労働者供給とはどのようなことですか

A 　労働者供給とは、「供給契約に基づいて労働者を他人の指揮命令を受けて労働に従事させること」をいいます（職業安定法第4条第8項）。

　労働者供給事業は、労働基準法で排除されている「中間搾取」を具体化したものになり、原則として禁止されています。

「労働者供給」のスキーム

　労働者供給における供給元、供給先、供給労働者の三者の関係は、2つのパターンがあります。

≪パターン1≫
・供給元と供給される労働者との間に「支配従属関係」がある
・供給元と供給先との間において締結された供給契約に基づき、供給元が供給先に労働者を供給する
・供給先は供給契約に基づき、労働者を自らの指揮命令（雇用関係を含む）の下で労働に従事させる

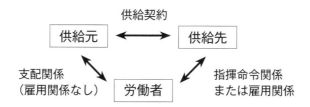

≪パターン2≫

・供給元と供給される労働者との間に「雇用関係」がある

・供給元と供給先との間において締結された供給契約に基づき、供給元が供給先に労働者を供給する

・供給先は供給契約に基づき、労働者を雇用関係の下で労働に従事させる

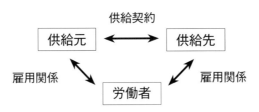

「労働者供給事業」は原則禁止

　労働者供給は、供給先と労働者との間にのみ実質的な「労働関係」があるので、供給元による労働者の供給は、供給先と労働者との労働関係の外にある第三者である供給元が「他人の労働に介入する」ことになります。

　したがって、労働者供給事業は、労働基準法で禁止されている中間搾取、つまり、業として他人の就業に介入して利益を得ることになるため、原則として禁止されています（職業安定法第44条）。

　ただし、許可を受けた労働組合が無料で行う場合であれば、例外として労働者供給事業を行うことができます（職業安定法第45条）。

　また、労働者派遣は労働者供給の一形態に当たるものですが、別途定められている労働者派遣法のルールを守ることにより、例外として「適法な事業」として行うことができるようになります。

　なお、法律に違反して労働者供給事業を行った場合、「1年以下の懲役又は100万円以下の罰金に処する」（職業安定法第64条第10号）とされています。

労働者供給の原則と例外

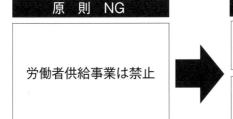

原　則　NG	例外的にOKとなる場合
労働者供給事業は禁止	許可を受けた労働組合が無料で行う場合
	許可を受けた者が労働者派遣法を遵守して行う場合

 column ── **職業紹介とは** ──

　「職業紹介」とは、職業安定法において「求人及び求職の申込みを受け、求人者と求職者との間における雇用関係の成立をあっせんすること」と定義されています。

　なお、「あっせん」とは、「求人者と求職者との間をとりもって雇用関係の成立が円滑に行われるように第三者として世話をすること」をいいます。

職業紹介

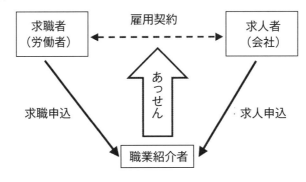

Q3 二重派遣はなぜ禁止されているのですか

A 　二重派遣は労働者派遣のスキームから外れてしまい、労働者に対する事業主側の責任の所在が曖昧になるため禁止されています。

「二重派遣」とは

　「二重派遣」とは、派遣元事業主から受け入れた派遣労働者を、派遣先が業としてさらに別の者へ派遣することをいいます。

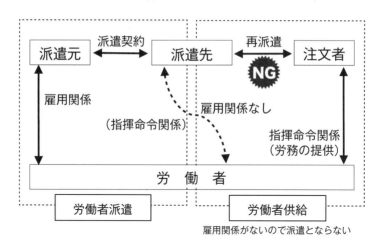

　この場合、仮に派遣先が労働者派遣業の許可をされていたとしても、派遣先は受け入れた派遣労働者を雇用していないため、二重派遣の部分は労働者派遣のスキームには該当しません。

　つまり、二重派遣の部分は、職業安定法により禁止されている「労働者供給」になるということです。

　なお、二重派遣は職業安定法の労働者供給の禁止には違反しますが、

労働者派遣法に定める違法派遣には該当しないため、労働契約申込みみなし制度（Q6参照）の対象とはならないとする裁判例があります（竹中工務店事件／大阪地裁／令和4年3月30日）。

　ただ、二重派遣は労働者供給事業として職業安定法による刑事罰の対象であるにもかかわらず、民事的なペナルティである労働者派遣法の「労働契約申込みみなし制度」の対象とならないのはおかしいとする説もあり、今後の判断は変更される可能性もあります。

具体的な二重派遣の事例

　具体的には、次のケースなどが二重派遣となります。特に客先常駐の多いIT業や製造業では、実態が二重派遣や偽装請負（Q13参照）とならないよう注意が必要です。

> システムの保守運用業務を行う会社が、他のクライアントと業務委託契約を結んだ。
> 　↓
> 自社のエンジニアが足りなかったので、派遣労働者として受け入れたエンジニアが、クライアントの事業所でシステムの保守運用業務を行うことになった（客先常駐）。
> 　↓
> クライアントが常駐エンジニアに対して、直接、業務プロセスに関する細かい指示や、残業・休日出勤の指示を行った。

Q4 労働者派遣と請負は、どのように違うのですか

A 請負は、注文主と労働者との間に指揮命令関係が生じないという点が労働者派遣とは異なります。しかし、この区分は必ずしも容易でないことから、実務上は個々のケースについて十分な検討が必要です。

「請負」とは

「請負」の定義は民法第632条に定められています。

> 請負は、当事者の一方がある仕事を完成することを約し、相手方がその仕事の結果に対してその報酬を支払うことを約することによって、その効力を生ずる。

請負は、注文主から請け負った請負業者が、自社と雇用関係にある労働者に直接指揮命令を行って仕事を完成させます。注文主から労働者に対して指揮命令を行わないところが労働者派遣とは異なります。

請負

```
        ┌──────── 請負契約 ─────────┐
        │ 請負業者 │◄──────►│ 注文主 │
        └──────────┘           └──────┘
   雇用関係   ▲
   指揮命令関係│
        ▼
        │ 労働者 │
        └────────┘
```

労働者派遣

```
  ┌──────┐  派遣契約  ┌──────┐
  │ 派遣元 │◄──────►│ 派遣先 │
  └──────┘           └──────┘
 雇用関係 ▲            ▲ 指揮命令関係
        ▼            ▼
          ┌────────┐
          │ 労働者  │
          └────────┘
```

一方、構内業務の請負など労働者が注文主の工場などへ赴いて作業をする場合などでは、注文主から直接労働者に指示がされてしまうなど指揮命令関係があいまいになり、許可を得ないで行われる労働者派遣、すなわち「偽装請負」（違法派遣）の問題が生じることもあります。

詳しくは、Q13を参照してください。

Q5 労働者派遣と在籍型出向は、どのように
違うのですか

 A 　在籍型出向は、出向元との間に雇用契約関係がある
だけではなく、出向元と出向先との間の出向契約によ
り、出向労働者を出向先に雇用させることを前提とし
て行われていることから、労働者派遣には該当しませ
ん。

「在籍型出向」とは

　在籍型出向のスキームは図のようになります。

　労働者派遣のスキームと比較すると、出向元だけではなく出向先に
も労働者と雇用関係のあることがわかります。

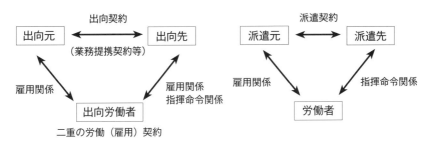

　在籍型出向は、通常、次の目的で行われます。

・労働者を離職させるのではなく、関係会社において雇用機会を確保
する

・経営指導、技術指導の実施

・職業能力開発の一環として行う

・企業グループ内の人事交流の一環として行う

したがって、在籍型出向が「業として行われる」と、職業安定法で禁止されている労働者供給事業に該当するケースが生ずることもあるので、注意が必要です。

「在籍型出向」と「移籍型出向」の違い

出向には、「在籍型出向」の他に「移籍型出向」の形態もあります。

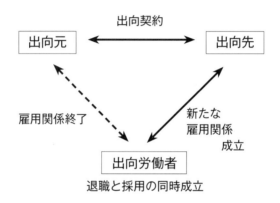

移籍型出向は、出向元との雇用関係は終了しており、出向先との間にのみ雇用関係があります。そのため、労働者派遣には該当しません。

移籍型出向では、雇用主として労働者の保護に関する関係法規に関する責任を出向先のみが負うこととなります。

なお、移籍型出向を「業として行う」場合は、職業紹介事業に該当するため、許可を受けて事業を行わなければ職業安定法違反となります。

第2章

労働契約申込みみなし制度

Q6 労働契約申込みみなし制度とは、どのような制度ですか

A 労働者派遣の実態が「違法派遣」であった場合、その時点で、派遣元事業主と同じ労働条件により、派遣先が派遣労働者に対して、直接雇用の申込みをしたとみなされる制度です（派遣法第40条の6）。

制度の目的

労働契約申込みみなし制度は平成27年10月1日から施行されています。特に派遣先にとっては大きなリスクとして認識すべき制度です。

この制度が新たに設けられたのは、違法な派遣形態には派遣を受け入れた側にも責任があることから、受入先にも民事的な制裁を科すことにより、労働者派遣法による規制の実効性を確保するという目的があります。

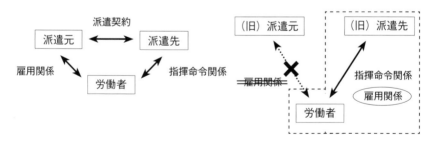

みなし申込みの対象となる違法派遣

「労働契約申込みみなし制度」の対象となる違法派遣は、次の5類型に限定されます。

違法派遣となる5つの類型

① 派遣労働者を**禁止業務**に従事させること
② **無許可事業主**から労働者派遣の役務の提供を受けること
③ **事業所単位**の期間制限に違反して労働者派遣を受けること
④ **個人単位**の期間制限に違反して労働者派遣を受けること
⑤ いわゆる**偽装請負**等

なお、受入先が善意無過失（違法派遣を知らなかったことに過失がなかったとき）であった場合、制度の適用はありません。

直接雇用に至るまでの流れ

違法派遣により派遣先や偽装請負等の注文者から直接雇用の申込みがされたと「みなされた」場合、その「みなされた」日から1年以内に、労働者が申込みを承諾するとの意思表示をすることで、直接雇用の契約が成立します。

逆に、1年が経過してしまうとみなし申込みは消滅してしまい、その後に労働者が承諾の意思表示をしても雇用契約は成立しません。

なお、派遣先や偽装請負等の注文者は、みなし申込みの撤回ができません。違法行為が終了した日から1年を経過するまでは、直接雇用になる可能性が継続して残されているということです。

```
┌─────────────────────────────────┐          ╭───────────╮
│  ５類型いずれかの違法派遣の状態        │          │ みなし申込み  │
└─────────────────────────────────┘          │   成立     │
                              ▼               ╰───────────╯
┌─────────────────────────────────┐
│  ５類型いずれかに該当することを知らず、  │
│   知らなかったことに過失がないときを除く  │
└─────────────────────────────────┘
                              ▼
┌─────────────────────────────────┐
│  みなし申込みの日から１年以内に、       │
│   労働者が申込みを承諾する旨の意思表示    │
└─────────────────────────────────┘
                              ▼
┌─────────────────────────────────┐
│       直接雇用契約の成立              │
└─────────────────────────────────┘
```

旧法における違法派遣に対する考え方

　改正前の労働者派遣法（旧法）では、違法派遣（偽装請負）が行われた場合であっても、原則として派遣労働者と派遣元事業主（請負業者）との間の雇用関係は無効にならず、派遣労働者と派遣先（注文主）との黙示の労働契約は成立しないとする裁判例（パナソニックプラズマディスプレイ事件／最高裁／平成21年12月18日）があります。

　また、注文主と請負業者の間で請負契約という形式が採られていたとしても、注文主と（請負業者が雇用する）労働者との間には雇用契約がないことから、三者の関係は労働者派遣であり、労働者供給には該当しないとしています。

Q7 国や地方公共団体が違法派遣を行っていた場合、労働契約のみなし申込みを承諾すれば公務員になることができるのですか

A 違法派遣が国や地方公共団体によるものであった場合、国家公務員法などの規定に基づき採用など適切な措置を採る必要がありますが、「労働契約の申込みをしたものとみなす」とは定められていません（派遣法第40条の7）。

国家公務員法などの規定とは

国家公務員法、国会職員法、自衛隊法、地方公務員法などが該当します。

公務員法による採用の規定

例えば国家公務員法には、原則として「職員の採用は、競争試験によるものとする」（国家公務員法第36条）と定められています。

また、欠格条項（国家公務員法第38条）も設けられており、必ずしも誰でも公務員になれるわけではないため、労働者派遣法も一般に適用される第40条の6とは別に、国や地方公共団体に適用される第40条の7を設けたものと考えられます。

第40条の6と第40条の7の比較

違法派遣があったときに、一般の場合と国・地方公共団体の場合を比較すると次のようになります。

一般の場合と国・地方公共団体の場合との比較

一　般 （第40条の6）	その時点における当該派遣労働者に係る労働条件と同一の労働条件を内容とする**労働契約の申込みをしたものとみなす。**
国、地方公共団体 （第40条の7）	一般の場合の規定の趣旨を踏まえ、当該派遣労働者の雇用の安定を図る観点から、国家公務員法その他関係法令の規定に基づく**採用その他の適切な措置**を講じなければならない。

 国の直接雇用義務が否定された裁判例

大阪医療刑務所事件　　　大阪地裁／令和4年6月30日

　国による偽装請負の有無が争われた裁判として、大阪医療刑務所事件が挙げられます。

　この裁判では、請負契約により大阪医療刑務所で収容者の移送車両などを運転していたドライバーに対して、契約先の会社を通さずに刑務所が直接業務上の指示を出し続けたことが、偽装請負に当たると判断されました。

　しかし、裁判所は、原告のドライバーが求めていた「採用その他の適切な措置」による直接雇用と、採用をしなかったことに対する損害賠償については請求を退けています。労働者派遣法で規定する「適切な措置」とは採用（直接雇用）に限られたものではなく、他の行政機関における非常勤職員の募集情報を提供することなども含まれるとしています。

Q8 【違法派遣の類型①】「派遣労働者を禁止業務に従事させること」とは、どのようなことですか

　　労働者派遣法では、港湾運送業務、建設業務、警備業務、病院などにおける一定の医療関係業務には労働者派遣事業を行ってはならないと定められています（派遣法第4条第1項）。

　　これらの禁止業務に派遣労働者を従事させると、「労働契約申込みみなし制度」の対象となる違法派遣になります。

労働者派遣事業を行うことができない業務

- ・港湾運送業務
- ・建設業務
- ・警備業務
- ・病院等における一定の医療関係業務

港湾運送業務とは

　　船内荷役、はしけ運送、沿岸荷役、いかだ運送などが港湾運送業務に該当します。

　　港湾労働者に関する労働者派遣事業については「港湾労働法」に定められているため、「労働者派遣法」のスキームでは禁止とされています。

建設業務とは

　　土木、建築その他工作物の建設、改造、保存、修理、変更、破壊、解体の作業や、これらの作業の準備業務が建設業務に該当します。

なお、建設業務とは、建設工事の現場において直接に従事する作業に限られるので、例えば、建設現場の事務職員が行う業務は、必ずしも派遣ができない業務とはなりません。

また、施工管理業務（工事の工程管理、品質管理、安全管理など）は建設業務には該当しないので派遣の対象となりますが、請負業者が工事現場ごとに設置しなければならない専任の主任技術者や監理技術者は、工事現場に常駐して専らその職務に従事する者であり、かつ、請負業者と直接的・恒常的な雇用関係にあるものを配置することとされているため、労働者派遣の対象にはなりません。

建設労働者に関する労働者派遣事業については「建設労働者の雇用の改善等に関する法律」に定められているため、「労働者派遣法」のスキームでは禁止とされています。

建設関係業務における派遣の可否

○ 労働者派遣の対象となる	施工管理業務
× 労働者派遣の対象とならない	専任の主任技術者・監理技術者

警備業務とは

次の業務が警備業務に該当します。
・事務所、住宅、興行場、駐車場、遊園地などの施設において、盗難などの事故の発生を警戒し、防止する業務
・人や車両の雑踏する場所、これらの通行に危険のある場所において、負傷などの事故の発生を警戒し、防止する業務
・運搬中の現金、貴金属、美術品などの盗難などによる事故の発生を警戒し、防止する業務
・人の身体に対する危害の発生を、その身辺において警戒し、防止する業務

病院等における一定の医療関係業務とは

　医療関係業務のうち、一定の業務については派遣が禁止されています（派遣令第2条）。

労働者派遣事業が禁止されている医療関係業務

労働者	業務内容	業務が行われる場所				
		病院・診療所（※1）	助産所	介護医療院	介護老人保健施設	医療を受ける者の居宅
医師	医業	禁止	禁止	禁止	禁止	禁止
歯科医師	歯科医業	禁止	－	禁止	禁止	禁止
薬剤師	調剤の業務	禁止	－	禁止	－	－
看護師・准看護師	療養上の世話、診療の補助（※2）	禁止	禁止	禁止	禁止	禁止
保健師	保健指導（※2）	禁止	禁止	禁止	禁止	禁止
助産師	助産、保健指導（※2）	禁止	禁止	禁止	禁止	禁止
栄養士	傷病者の療養のための栄養指導	禁止	－	禁止	禁止	禁止
診療放射線技師	放射線を人体に照射する業務	禁止	－	禁止	禁止	禁止
歯科衛生士	歯科衛生士法2条1項の業務	禁止	－	禁止	禁止	禁止
歯科技工士	歯科技工の業務	禁止	－	禁止	－	－
その他（※3）	診療の補助（※2）	禁止	禁止	禁止	禁止	禁止

【出典】厚生労働省「許可・更新等手続マニュアル」

（※1）障害者支援施設、生活保護法に基づく救護施設・更生施設、養護老人ホーム、特別養護老人ホーム等に設置された診療所は含みません。

（※2）訪問入浴介護・介護予防訪問入浴介護に係るものについての労働者派遣事業は禁止されていません。

（※3）歯科衛生士、診療放射線技師、臨床検査技師、理学療法士、作業療法士、視能訓練士、臨床工学技士、義肢装具士、救急救命士、言語聴覚士、認定特定行為業務従事者

Q9 【違法派遣の類型②】「無許可事業主から
労働者派遣の役務の提供を受けること」
とは、どのようなことですか

A 　労働者派遣事業を行う場合は、厚生労働大臣の許可
を受ける必要があります（派遣法第5条第1項）。許可
を受けていない事業主から労働者を受け入れることは、
労働者派遣のスキームから逸脱した違法な派遣行為と
なり、受け入れた労働者は、受入先において「労働契
約申込みみなし制度」の対象となります。
　労働者派遣は、法を守ることを条件に例外的に認め
られている雇用形態です。法が守られていないのであ
れば、原則的な考え方である直接雇用へ戻って雇用契
約の修復を行うという考え方です。

労働者派遣事業の許可制度

　労働者派遣事業は、「労働者派遣を業として行うこと」で、その事
業が法の趣旨に沿って適正に運営され、労働力需給の適正な調整が図
られるとともに、派遣労働者の保護や雇用の安定を確保されることが
必要となります。
　そのため、労働者保護と雇用の安定のためのルールを遵守し、適正
な事業運営を行うことができる資質のある者に限り、厚生労働大臣か
ら事業の「許可」がされます。

許可のスキーム

原則	法令などにより行為を禁止
許可	適法に一定行為ができる

 解除

具体的な許可要件は、欠格事由（派遣法第6条）に該当しないこと、また、許可基準（派遣法第7条第1項）を全て満たすことが挙げられます。

「業として行う」とは

　「業として行う」とは、一定の目的をもって同種の行為を反復継続的に遂行することをいいます。結果的に1回限りの行為であったとしても、反復継続の意思をもって行えば、事業性が「ある」ことになります。

　一方、形式的には繰り返し行われていたとしても、全て受動的、偶発的行為が継続した結果であり、反復継続の意思をもって行われていなければ、事業性は「ない」ということになります。

　具体的には、一定の目的と計画に基づいて経営する経済的活動として行われるか否かによって判断され、例えば、社会事業団体や宗教団体が行う継続的活動も「事業」に当たることがあり、必ずしも営利を目的とする場合とは限りません。また、他の事業と兼業して行われるか否かを問われません。

　しかし、このような判断も一般的な社会通念に従って個別のケースごとに行われるもので、営利を目的とするか否か、事業としての独立性があるか否かが、反復継続の意思の判定の上で重要な要素となります。

　例えば、「労働者の派遣を行うことを宣伝・広告している場合」や「店を構え、労働者派遣を行うことについて看板を掲げている場合」などについては、原則として「事業性あり」と判断されます。

労働者派遣事業許可証

　厚生労働大臣の許可を受けた労働者派遣事業者には、「労働者派遣事業許可証」が交付されます。この許可証は、許可を受けた事業所ごとに交付されるので、例えば、ある事業者が本社、A支店、B支店の3事業所で許可を受けたのであれば許可証は3枚交付されます。

労働者派遣事業の許可を受けた者は、交付を受けた許可証を派遣事業を行う事業所ごとに備え付け、関係者から請求があったときは提示しなければなりません（派遣法第8条第2項）。

　許可証の備付けや提示は、労働者派遣契約締結時の許可を受けている旨の明示（派遣法第26条第3項）とともに、適法に事業活動を行っていることを関係者に知らせるための措置として重要な機能を有しています。

　このように、許可証を実際に確認することにより、無許可事業主から労働者派遣の役務の提供を受けることを回避することができます。

人材サービス総合サイト

　また、厚生労働大臣の許可を受けた労働者派遣事業者は、「人材サービス総合サイト」のページで確認することができます。

【人材サービス総合サイト】
https://jinzai.hellowork.mhlw.go.jp/JinzaiWeb/

　なお、このサイトでは次の情報も掲載されているので、派遣元事業主を選ぶ際に活用することができます。
・許可・届出受理番号／受理年月日
・事業主名称／事業所名称
・事業所所在地／電話番号
・事業所情報
・労働者派遣事業の実績
・派遣料金の額
・派遣労働者の賃金の額
・教育訓練その他事業運営の状況に関する情報
・マージン率

労働者派遣事業許可証の様式

様式第4号

許可番号

許可年月日　　　　年　　月　　日

労働者派遣事業許可証

氏名又は名称

住所

事業所の名称

事業所の所在地

有効期間　　　　　　　　年　　　月　　　日から

年　　　月　　　日まで

　労働者派遣事業の適正な運営の確保及び派遣労働者の保護等に関する法律第5条第1項の許可を受けて労働者派遣事業を行う者であることを証明する。

年　　　月　　　日

厚　生　労　働　大　臣

事業所枝番号 ☐☐☐☐☐☐☐

・得意とする職種
・労使協定締結情報
・優良派遣事業者の認定番号（認定を受けていない場合は空欄）
・事業主が受けている行政処分の内容等（処分を受けていない場合は空欄）

優良派遣事業者認定制度

　優良派遣事業者認定制度は、厚生労働省委託事業「優良派遣事業者推奨事業」で運営されている認定制度です。

　この制度では、法令を遵守しているだけでなく、派遣労働者のキャリア形成支援や、より良い労働環境の確保、派遣先でのトラブル予防など、派遣労働者と派遣先の双方に安心できるサービスが提供されているかどうかについて、一定の基準を満たした派遣事業者を「優良派遣事業者」として認定しています。

　なお、認定制度の中立性を図るため、企画、運営、普及を行う受託事業者は毎年公募により決定しています。

　派遣元事業主を選ぶ際には、このサイトも有効的に活用してください。

【優良派遣事業者認定制度】
https://yuryohaken.info/

— **許可番号の見方**

　労働者派遣事業が許可されると、許可を受けた事業主には固有の許可番号が、実際に事業を行うことができる事業所には事業所枝番号が付与されます。

　なお、許可番号や事業所枝番号は、住所の変更などにより事業主の管轄労働局が変更される場合を除き、付与後に変更されることはありません。許可更新がされた回数を示す表示もありません。

（具体例）

派　01 - 500037 ── 事業主の一連番号（000001～999999）
　　└── 都道府県番号（01～47）
　└── 労働者派遣事業であることの表示

労働者派遣事業であることの表示

　現在は、必ず「派」の文字で表されます。平成27年以前は「般」の文字が使われていましたが、法改正により廃止されています。

都道府県番号

　管轄労働局の都道府県番号です。2桁の数字で表され、例えば、東京労働局の管轄であれば「13」、大阪労働局の管轄であれば「27」と表されます。

事業主の一連番号

　管轄労働局ごとに6桁の数字をもって表されます。原則として許可時期の早い事業主から起番されます。

事業所枝番号

　事業所枝番号は、事業所ごとに3桁の数字をもって表されます。派遣元事業主の主たる事務所は「001」として、他は許可申請書に記載された順に起番されます。

「マージン率」とは

マージン率は次の計算式で算出された割合のことをいいます。

> マージン率＝（派遣料金－派遣労働者の賃金）／派遣料金

この式を変形すると、

> 派遣料金＝派遣労働者の賃金／（1－マージン率）

となり、通常の賃金相場と派遣会社のマージン率がわかれば、派遣料金の概算を算出することができます。

個別派遣会社のマージン率実績については、「人材サービス総合サイト」から確認することができます。

厚生労働省が令和2年度の労働者派遣事業報告書を集計した結果、派遣料金の平均（8時間換算）は24,203円、派遣労働者の賃金の平均（8時間換算）は15,590円であったので、平均マージン率は35.6%となります。

派遣料金（24,203円）	
派遣労働者の賃金（15,590円）	マージン（8,613円）

マージンの中から派遣労働者の社会保険、労働保険の事業主負担分（約10%）、派遣労働者の有給休暇に相当する賃金額やキャリアアップのための教育訓練費、派遣労働者を募集するために要する費用などを差し引いた額が派遣会社の利益となります。

派遣労働者に充実した教育訓練を行っている派遣会社のマージン率は高くなります。つまり、マージン率の低い会社が必ずしも「良い派遣会社」であるとは限らないので、派遣会社を選ぶときには分析が必要です。

【違法派遣の類型③】「事業所単位の期間制限に違反して労働者派遣を受けること」とは、どのようなことですか

　派遣先は、事業所ごとの業務について、原則として3年の派遣可能期間を超えて有期雇用労働者の派遣受入れを行うことができません（派遣法第40条の2）。

　派遣可能期間を超えて労働者を受け入れる場合は一定の手続きが必要ですが、この手続きに不備がある場合は、労働者派遣のスキームから逸脱した違法な派遣行為となり、受け入れている派遣労働者は、受入先において「労働契約申込みみなし制度」の対象となります。

制度の目的

　派遣労働者は、その雇用の安定やキャリア形成が図られにくい面があることから、派遣就業を臨時的・一時的な働き方として位置付けています。また、派遣先の正社員を派遣労働者に代替させることを生じさせないよう、労働者派遣の利用を臨時的・一時的なものに限ることを原則としています。

　このうち、正社員との代替を防止する観点や、派遣労働者の派遣就業への望まない固定化防止を図るため、派遣先の事業所ごとの業務における有期雇用派遣の受入れについて原則3年までとする事業所単位の期間制限が設けられています。

　なお、この常用代替防止は、派遣労働者が現に派遣先で就労している正社員の代替を防止するだけでなく、派遣先の正社員の雇用の機会が不当に狭められることを防止することも含まれています。

　また、特に、派遣先が派遣労働者を受け入れたことによりその雇用する労働者を解雇することは常用代替そのものであり、派遣労働者の

利用のあり方として不適当であると考えられます。

事業所単位の期間制限とは

　事業所単位の期間制限とは、派遣先の事業所において最初の派遣労働者を受け入れてから原則として3年で受入れを終了させなければならないというものです。

　ただし、例外措置として受入可能期間を延長させることができます。

　派遣先は、事業所単位で3年を超えて、継続して派遣労働者を受け入れようとするときは、意見聴取期間(抵触日の1か月前の日まで)に、一定の手続を行うことにより、3年以内の期間であれば派遣可能期間を延長することができます。

　また、延長した期間が経過した場合、同様の手続きによりさらに延長することもできます。

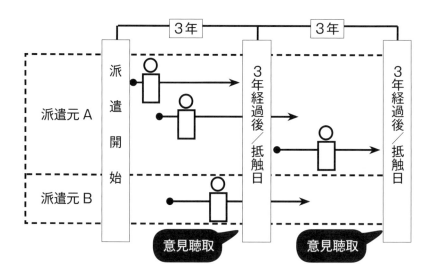

期間制限の単位となる「事業所」の考え方

　期間制限の単位となる事業所とは、工場、事務所、店舗など、場所的に他の事業所などから独立していること、経営の単位として人事、経理、指導監督、労働の態様などにおいて、ある程度の独立性を有すること、一定期間継続し、施設としての持続性を有することなどの観点から実態に即して判断することになります。

　ただし、規模が小さく、その上部機関などとの組織的関連や事務能力から勘案すると、一つの事業所という程度の独立性がないものについては、直近上位の組織に包括して全体を一つの事業所として取り扱うことになります。

　なお、「その他派遣就業の場所」とは、事業を行っていない者が派遣先となる場合において、その労働者派遣を受け入れる場所を指します。例えば、個人宅が派遣先になる場合はその居宅を、大学の研究室が派遣先になる場合はその研究室を指します。

期間制限の対象外となる派遣労働者・業務

　以下に該当する派遣労働者・業務は、期間制限の対象外となります（派遣法第 40 条の 2 第 1 項ただし書き）。
・派遣元事業主で無期雇用されている派遣労働者（無期雇用で労働者の雇用が安定しているため）
・60 歳以上の派遣労働者（キャリアアップよりも高年齢者の雇用促進を重視するため）
・有期プロジェクト業務（事業の開始、転換、拡大、縮小、廃止のための業務であって一定期間内に完了するもの）
・日数限定業務（1 か月間に行われる日数が通常の労働者に比べて相当程度少なく、かつ、月 10 日以下であるもの）
・産前産後休業、育児休業・介護休業などを取得する労働者の業務（代替業務）

Q11 派遣先は、派遣可能期間を延長させるための意見聴取手続きについてどのように行えばよいのでしょうか

A 事業所単位の期間制限による3年の派遣可能期間を延長する場合、派遣先は、その事業所の過半数労働組合などに対して、派遣労働者を受け入れる事業所や延長しようとする派遣期間を示した上で、意見を聴く必要があります。

意見聴取は、事業所単位の期間制限に係る抵触日の1か月前までに行うことが必要です。

また、過半数労働組合などから異議が示されたときは、対応方針などを説明する義務があります。

意見聴取手続きの流れ

意見聴取手続きは、次の流れで行います（派遣則第33条の3）。

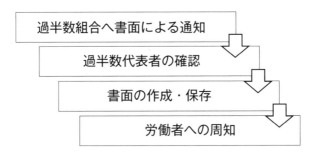

抵触日の1か月前までに過半数労働組合から意見聴取を行わず、引き続き労働者派遣を受け入れた場合は違法な派遣行為となり、受け入れている派遣労働者は、派遣先において「労働契約申込みみなし制度」の対象となります。

過半数組合へ書面による通知

　意見聴取に当たり、過半数労働組合（過半数労働組合が存在しない場合は、事業所の労働者の過半数を代表する者）に次の事項を書面により通知をします。
・派遣可能期間を延長しようとする事業所、その他派遣就業の場所
・延長しようとする派遣期間

　また、意見聴取の際には、派遣先事業所において派遣労働者の受入開始時（更新の場合は更新時）からの数や正社員の数の推移に関する資料など、過半数労働組合が意見を述べるに当たり参考となる資料を提供するものとされています（派遣先指針第2の15(1)）。
　さらに、より一層、意見聴取の実効性を高める観点から、過半数労働組合からの求めに応じ、部署ごとの派遣労働者数や、各派遣労働者について、労働者派遣として受け入れた期間などに関する情報を提供することが望ましいとされています。
　なお、過半数労働組合に対して意見を聴くに当たっては、十分な考慮期間を設けることに留意してください。

過半数代表者の確認

　過半数代表者は、次のいずれにも該当する者でなければなりません。
・管理監督者（労働基準法第41条第2号）ではないこと
・派遣可能期間の延長について意見聴取される者を選出する目的であることを明らかにして実施される投票、挙手などの方法による手続により選出された者で、派遣先の意向に基づき選出されたものでないこと
　「投票、挙手など」の方法としては、「投票」「挙手」のほか、労働者の話合い、持ち回り決議など、労働者の過半数がその代表者の選任を支持していることが明確になる民主的な手続のことになります。

意見を聴取した過半数代表者が、

・使用者の指名などの非民主的な方法により選出された場合

・管理監督者である場合

・派遣可能期間の延長手続のための代表者選出であることを明らかにせずに選出された場合

については、事実上、意見聴取が行われていないものと同視できることから、労働契約申込みみなし制度の適用対象となります。

書面の作成・保存

　派遣可能期間を延長するに当たっては、次の事項を書面に記載し、事業所単位の期間制限の抵触日から3年間保存する必要があります。

・意見を聴取した過半数労働組合の名称、過半数代表者の氏名（過半数代表者の場合は選出方法についても併せて記載することが望ましい）

・過半数労働組合に通知した事項、通知した日

・過半数労働組合から意見を聴いた日、意見の内容

・意見を聴いて、延長しようとする派遣可能期間を変更したときは、その変更した派遣可能期間

労働者への周知

　作成した書面は、次のいずれかの方法により、その事業所の労働者に周知する必要があります。

・常時各作業場の見やすい場所へ掲示し、または備え付けること

・書面を労働者に交付すること

・パソコンやスマートフォンなどから書面の内容が常時確認できるようにすること

過半数労働組合が異議を述べたとき

　派遣可能期間の延長について意見を聴かれた過半数労働組合が異議

を述べたとき、派遣先は、事業所単位の期間制限の抵触日の前日までに、過半数労働組合に対して、

・派遣可能期間を延長しようとする理由、期間
・労働者派遣の継続により、派遣先の正社員に対する雇用慣行が損なわれるおそれがあるとする意見に対しては、異議への対応に関する方針

を説明しなければなりません（派遣法第40条の2第5項、派遣則第33条の4第1項）。

　なお、派遣先は、労働者が過半数代表者であること、過半数代表者になろうとしたこと、あるいは過半数代表者として正当な行為をしたことを理由として不利益な取扱いをしないようにしなければなりません（派遣則第33条の5）。

派遣元事業主への通知

　派遣可能期間を延長したときは、速やかに、その労働者派遣をする派遣元事業主に対し、延長後の事業所単位の期間制限に抵触する日を書面の交付などにより通知しなければなりません（派遣法第40条の2第7項、派遣則第33条の6）。

【違法派遣の類型④】「個人単位の期間制限に違反して労働者派遣を受けること」とは、どのようなことですか

 派遣先は、組織単位（課など）ごとの業務について、3年を超えて同一有期雇用労働者の派遣を受け入れることができません（派遣法第40条の3）。

3年を超えて同じ組織単位で同じ派遣労働者を受け入れることは、労働者派遣のスキームから逸脱した違法な派遣行為となります。よって、違法に受け入れている派遣労働者は、派遣先による「労働契約申込みみなし制度」の対象となります。

制度の目的

Q10で述べたように、派遣労働者は、その雇用の安定やキャリア形成が図られにくい面があることから、派遣就業を臨時的・一時的な働き方として位置付けています。

また、派遣労働者が派遣就業への望まない固定化防止を図るため、特に雇用安定の面で課題がある有期雇用の派遣労働者について、課などの同一の組織単位における継続的な受入れを3年までとする個人単位の期間制限が設けられています。これにより、派遣労働者は節目節目でキャリアを見つめ直し、キャリアアップの契機とすることで派遣労働への固定化防止を図っています。

個人単位の期間制限とは

個人単位の期間制限とは、組織単位（課など）ごとの業務について、3年を超えて同一の有期雇用労働者の受入れができないというものです。

「事業所単位の期間制限」は、一定の手続きにより延長が可能でしたが、「個人単位の期間制限」は延長することができません。

なお、別の「組織単位」であれば、同じ事業所内であっても同一労働者の派遣を受け入れることが可能です。

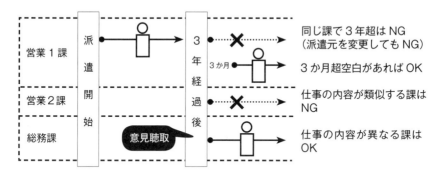

「組織単位」の判断基準

「同一の組織単位」の判断に当たっては、個人単位の期間制限の目的が、派遣労働者がその組織単位の業務に長期にわたって従事することによる、望まない派遣就業の固定化を防止することに留意してください。

具体的には、課、グループなど、業務としての類似性や関連性がある組織であり、かつ、課長やグループ長など、その組織の長が業務の配分や労務管理上の指揮監督権限を持っており、派遣先における組織の最小単位よりも一般に大きな単位を想定しています。

しかし、小規模の事業所においては、組織単位と組織の最小単位が一致するケースもあり、「同一の組織単位」に明確な基準が設けられているわけではありません。

制度の趣旨が「派遣労働者のキャリアアップ」を目的としていることから、組織の名称にとらわれるのではなく、実態により「同一の組織単位」の判断をするべきでしょう。

期間制限の対象外となる派遣労働者・業務

　期間制限の対象外となる派遣労働者・業務は、「事業所単位の期間制限」と同じです。

- 派遣元事業主で無期雇用されている派遣労働者（無期雇用で労働者の雇用が安定しているため）
- 60歳以上の派遣労働者（キャリアアップよりも高年齢者の雇用促進を重視するため）
- 有期プロジェクト業務（事業の開始、転換、拡大、縮小、廃止のための業務であって一定期間内に完了するもの）
- 日数限定業務（1か月間に行われる日数が通常の労働者に比べて相当程度少なく、かつ、月10日以下であるもの）
- 産前産後休業、育児休業・介護休業などを取得する労働者の業務（代替業務）

労働者派遣期間の継続性の考え方

　実務面においては、以前、受け入れていた派遣労働者を再度受け入れる際、どのくらいの期間が空いていれば継続的な受入と判断されるのか悩む場面が出てきます。

　法令に明確な基準は定められていませんが、「以前の就業の日と次回の就業の日との間が3か月以下であれば、継続して同一の派遣労働者による労働者派遣の役務の提供を受けているものとみなす」とされています（派遣要領第7の6(4)イ（イ））。

　ただし、期間が満了になった派遣労働者を継続して同じ組織単位に受け入れることだけを目的として、労働者派遣の終了後3か月が経過した後に再度その派遣労働者を受け入れることは、制度の趣旨に反することに留意してください。

　なお、異なる派遣元事業主から派遣されたとしても、同じ派遣先に同じ労働者が派遣されるのであれば「個人単位の期間制限」に抵触します。この場合、派遣先は、派遣元事業主に対して、個人単位の期間制限に違反することをもって派遣労働者の交代を要求することができます。

Q13 【違法派遣の類型⑤】「いわゆる偽装請負」とは、どのようなことですか

A 労働者派遣法やその他の労働関係法の規定の適用を免れる目的で、請負、業務委託など労働者派遣以外の名目で契約を締結し、本来、労働者派遣を行う際に法で規定している事項を定めずに労働者を受け入れることをいいます（派遣法第40条の6第1項第5号）。

事業主間の契約の表題が「請負契約」や「業務委託契約」となっていても、注文主が、受託者の労働者に対して指揮命令を行い、労働に従事させているなど、実態として労働者派遣と同じ状態になっているものは「偽装請負等」とされ、労働者派遣の役務の提供を受ける者（＝注文主）から派遣労働者に対し、その時点における労働条件と同一の労働条件を内容とする労働契約の申込みをしたものとみなされます。

偽装請負とは

Q4のとおり、請負（業務委託なども同じ）のスキームでは、注文主が請負業者の雇用している労働者に指揮命令を行うことはできません。

請負のスキーム

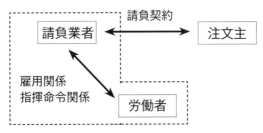

しかし、構内業務の請負など、労働者が注文主の工場などへ赴いて作業する場合、注文主から現場の労働者に直接、業務の指示がなされてしまうことがあります。この指示が、「指揮命令関係」になってしまうと労働者派遣のスキームと同じになってしまうことから、許可を得ないで行われる違法な労働者派遣、すなわち「偽装請負」の問題が生じます。

注文主と労働者に指揮命令関係が成立した場合のスキーム

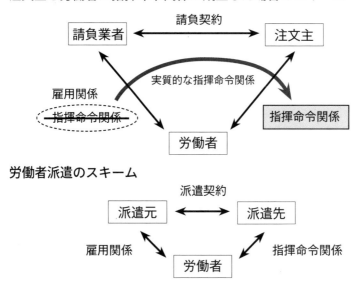

労働者派遣のスキーム

偽装請負等による直接雇用が成立するための流れ

　違法派遣となる「偽装請負等」（偽装請負、偽装業務委託など）と判断されるのは次の2つの要件が成立したときです。（派遣法第40条の6第1項第5号）

・請負、業務委託など、労働者派遣以外の名目で契約を締結しているが、請負先の労働者と指揮命令関係があり、実態は労働者派遣となっ

ている（偽装請負等の状態）

・注文主に労働者派遣法など労働関係法令の規定の適用を免れる目的
　がある（脱法の目的）

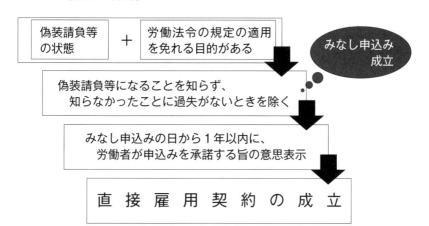

　「偽装請負等」は違法派遣 5 類型のひとつに該当するので、注文主
から派遣労働者に対し、その時点における労働条件と同一の労働条件
を内容とする労働契約の申込みをしたものとみなされます。

　注文主が、偽装請負等に当たることを知らず、かつ、知らなかった
ことにつき過失がなかったとき（善意無過失のとき）は違法派遣にな
りません（派遣法第 40 条の 6 第 1 項ただし書き）。

　ただし、単に「法律を知らなかった」という理由では一般的に除外
対象とはなりません。例えば、労働局などの公的機関の意見を聴くな
ど、合理的根拠に基づき運用したにもかかわらず偽装請負となってし
まった場合などは善意無過失と考えられますが、通常、善意無過失を
証明するためのハードルは非常に高いと考えられています。

　また、違法行為の終了した日から 1 年を経過する日まで、注文主は
みなし申込みを撤回することができません（派遣法第 40 条の 6 第 2
項）。

　よって、労働者は期限までに「みなし申込みを承諾する」という意

思表示をすることで、注文主との雇用契約が成立します。

みなし制度適用後（直接雇用）

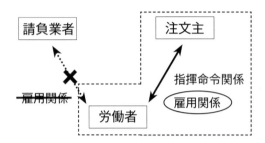

　なお、労働者が期限内に承諾の意思表示をすれば、元々雇用関係の
あった会社（請負業者）を退職していたとしても、その意思表示が無
効になることはありません(東リ事件:大阪高裁／令和3年11月4日)。

意外に大切な、労働者による意思表示の手続き

　違法派遣により労働契約のみなし申込みの状態になったとしても、違法派遣が解消されたときから1年以内に労働者が承諾の意思表示をしなければ直接雇用の契約は成立しません。

　日本貨物検数協会事件（名古屋高裁／令和3年10月12日）は、偽装請負等（違法派遣）は認めつつも、違法派遣が解消してから1年以内に労働者が承諾の意思表示をしていないとして直接雇用を認めなかった裁判例です。

　この中で、裁判所は、労働者がみなし申込みを承諾するという行為は、今までの雇用主（請負業者）とは別の使用者（発注元）との間で新たに成立する労働契約になるため、「新たな契約を選択する」という労働者の明確な意思表示が必要としています。

　この事件において、労働者側は、労働組合が団体交渉の申入れをした際の「（違法派遣となる）請負業務の発注元の正社員になること」との要求が、みなし申込みに対する承諾の意思表示であると主張しました。しかし、裁判所は、この要求はあくまでも団体交渉の申入れにすぎず、労働者が新たな契約を選択した意思表示とはならないと判断しています。

　一方、東リ事件（大阪高裁／令和3年11月4日）は、同じ偽装請負等による違法派遣の裁判例ですが、発注元と交渉を始めたかなり早い段階で「業務請負契約が労働者派遣法第40条の6第1項第5号に該当し、発注元からの直接雇用の申込みを承諾する」という明確な意思表示をしており、裁判において意思表示の有無は争点になりませんでした。

　このため、争点となっていた違法派遣が裁判所に認定されたことにより、「労働契約のみなし申込み→労働者による承諾の意思表示→直接雇用の成立」となり、請負業務の注文主は多額の未払い賃金を支払った上で、請負業者の社員だった労働者を注文主の社員として今後は直

接雇用することとなりました。

　一般に労働紛争が発生してから解決するまでには長い時間がかかります。紛争の初期段階では事実関係の整理がついておらず、違法派遣かどうかの判断は困難であると思われます。

　しかし、平成27年の労働者派遣法改正後の裁判例を見てみると、労働契約みなし申込みに対して労働者が承諾できる期間である「1年」は、かなり厳格に考えられているようです。

　結果的に「裁判で違法派遣が認められたものの、直接雇用の承諾行為がなかった」とならないためにも、労働紛争が発生した際、労働者側は早い段階で明確に、承諾する旨の意思表示手続きを行っておくべきでしょう。

Q14 偽装請負等の要件である「労働者派遣法やその他労働関係法令の規定の適用を免れる目的がある」とは、どのようなことですか

A 労働者派遣は「原則は禁止」であるものの、「法に沿った運用を行っている場合は特別に許可」されるという制度です。実態は労働者派遣であるにもかかわらず、脱法目的をもって法に沿った運用を行わないことが偽装請負等を構成する要件の一つになっています。

「労働関係法令」とは

労働者派遣法はもちろん、同法の「第3章第4節　労働基準法等の適用に関する特例等」に列挙されている法律が該当します。

具体的には、
・労働者派遣法
・労働基準法（派遣法第44条）
・労働安全衛生法（派遣法第45条）
・じん肺法（派遣法第46条）
・作業環境測定法（派遣法第47条）
・男女雇用機会均等法（派遣法第47条の2）
・育児・介護休業法（派遣法第47条の3）
・労働施策総合推進法（派遣法第47条の4）
となります。

なお、社会保険に関する法律など、上記以外の法律は該当しません。

「適用を免れる目的」とは

違法派遣の類型①〜④は、「脱法目的」が違法派遣となる要件になっ

ていません。これらは違反の事実が比較的明らかだからです。

　一方、「偽装請負等」は、注文者の「指示」なのか、派遣の「指揮命令」なのかという、実務上、微妙な区別に関する判定要素が内在していることから、法律を制定するときに「脱法目的」を入れることで、法違反となってしまうハードルをやや高くしたものと考えられます。

　ただ、偽装請負等が問題になる場合、一般的には請負業者は労働者派遣の許可を受けていない事業者となります。

　つまり、違法派遣の類型②である「無許可事業主から労働者派遣の役務の提供を受けること」にも当たるケースが多いといえます。

　偽装請負を争った裁判の中では、類型⑤で必要な脱法目的の検討をせず、類型②をもって違法派遣（労働契約のみなし申込み）を認めたもの（ベルコ事件（札幌地裁／令和4年2月25日））もあるので注意が必要です。

脱法目的の要否

違法派遣となる5類型	脱法目的
①派遣労働者を**禁止業務**に従事させること ②**無許可事業主**から労働者派遣の役務の提供を受けること ③**事業所単位**の期間制限に違反して労働者派遣を受けること ④**個人単位**の期間制限に違反して労働者派遣を受けること	不要
⑤いわゆる**偽装請負**等	必要

Q15 「請負」と「労働者派遣」の区分は、どのような基準で判定するのですか

　　労働者派遣事業と請負では、労働時間の管理や安全衛生の確保などに関して、雇用主（派遣元事業主、請負事業者）、派遣先、注文主の負うべき責任が異なってきます。

　　このため、労働者派遣事業と請負により行われる事業との区分を明らかにすることを目的として、厚生労働省から「労働者派遣事業と請負により行われる事業との区別に関する基準」(昭和61年労働省告示第37号)が公表されています（巻末資料参照）。

請負であるための要件

　請負とは、次のいずれの要件にも該当することをいいます。いずれかに該当しない場合、請負契約を締結していても実態は労働者派遣であるとして、発注先は偽装請負による労働契約申込みみなし制度の適用を受ける場合があります。

1.　自己の雇用する労働者の労働力を自ら直接利用するものであること

2.　請負契約により請け負った業務を自己の業務として、契約の相手方から独立して処理するものであること

職業安定法施行規則による「請負」の考え方

「労働者派遣」と「請負」の区分が難しいのと同様に、「労働者供給」と「請負」の区分も非常に困難です。

職業安定法施行規則第4条第2項では、「労働者供給」と「請負」との区分について示されています。

「労働者派遣事業と請負により行われる事業との区別に関する基準」(昭和61年労働省告示第37号)は、法令でなく「告示」にすぎませんが、告示の内容は職業安定法施行規則とほぼ同様であることから、裁判において偽装請負の判定を行う際にも、法令ではないこの「告示」を使っているケースが数多く見られます。

職業安定法施行規則第4条

2 労働者を提供しこれを他人の指揮命令を受けて労働に従事させる者（労働者派遣法第2条第3号に規定する労働者派遣事業を行う者を除く。）は、たとえその契約の形式が請負契約であつても、次の各号の全てに該当する場合を除き、法第4条第8項の規定による労働者供給の事業を行う者とする。

一 作業の完成について事業主としての財政上及び法律上の全ての責任を負うものであること。

二 作業に従事する労働者を、指揮監督するものであること。

三 作業に従事する労働者に対し、使用者として法律に規定された全ての義務を負うものであること。

四 自ら提供する機械、設備、器材（業務上必要なる簡易な工具を除く。）若しくはその作業に必要な材料、資材を使用し又は企画若しくは専門的な技術若しくは専門的な経験を必要とする作業を行うものであつて、単に肉体的な労働力を提供するものでないこと。

Q16 「自己の雇用する労働者の労働力を自ら直接利用するものであること」とは、具体的にどのようなことですか

A 「業務の遂行に関する指示・管理」「労働時間などに関する指示・管理」「企業における秩序の維持、確保などのための指示・管理」の3つの事項をいずれも自ら行っていれば、自己の雇用する労働者の労働力を自ら直接利用していると判断できます。

業務の遂行に関する指示その他の管理を自ら行うものであること

1. 労働者に対する業務の遂行方法に関する指示その他の管理を自ら行うこと

    この要件の判断は、労働者に対する仕事の割り付け、順序、緩急の調整などが、事業主が自ら行うものであるか否かを総合的に勘案して行います。

    なお、「総合的に勘案して行う」とは、これらのうちいずれかの事項を事業主が自ら行わない場合であっても、これについて特段の合理的な理由が認められる場合は、直ちにこの要件に該当しないとは判断しないという趣旨です。

2. 労働者の業務の遂行に関する評価などに係る指示その他の管理を自ら行うこと

    この要件の判断は、労働者の業務の遂行に関する技術的な指導、勤惰点検、出来高査定などにつき、事業主が自ら行うものであるか否かを総合的に勘案して行います。

労働時間などに関する指示その他の管理を自ら行うものであること

1. 労働者の始業および終業の時刻、休憩時間、休日、休暇などに関

する指示その他の管理を自ら行うこと（これらの単なる把握を除く）

　この要件の判断は、受託業務の実施日時（始業・終業の時刻、休憩時間、休日など）について、事前に事業主が注文主と打ち合わせているか、業務中は注文主から直接指示を受けることのないよう書面が作成されているか、それに基づいて事業主側の責任者を通じて具体的に指示が行われているか、事業主自らが業務時間の実績把握を行っているか否かを総合的に勘案して行います。

2. 労働者の労働時間を延長する場合や労働者を休日に労働させる場合における指示その他の管理を自ら行うこと（これらの場合における労働時間などの単なる把握を除く）

　この要件の判断は、労働者の時間外、休日労働は事業主側の責任者が業務の進捗状況などをみて自ら決定しているか、業務量の増減がある場合には事前に注文主から連絡を受ける体制としているか否かを総合的に勘案して行います。

企業における秩序の維持、確保などのための指示その他の管理を自ら行うものであること

1. 労働者の服務上の規律に関する事項についての指示その他の管理を自ら行うこと

　この要件の判断は、労働者に係る事業所への入退場に関する規律、服装、職場秩序の保持、風紀維持のための規律などの決定、管理につき、事業主が自ら行うものであるか否かを総合的に勘案して行います。

　なお、安全衛生、機密の保持などを目的とするなどの合理的な理由に基づいて相手方が労働者の服務上の規律に関与することがあっても、直ちにこの要件に該当しないと判断されるものではありません。

2. 労働者の配置などの決定および変更を自ら行うこと

　この要件の判断は、労働者に係る勤務場所、直接指揮命令する者などの決定や変更について、事業主が自ら行うものであるか否かを

総合的に勘案して行います。

　なお、勤務場所については、業務の性格上、実際に就業することとなる場所が移動することなどにより、個々具体的な現実の勤務場所を事業主が決定・変更できない場合は、業務の性格に応じて合理的な範囲でこれが特定されれば足りるものです。

指示・管理を自ら行っているか		判断するためのポイント
業務の遂行に関する指示・管理	労働者に対する業務の遂行方法に関する指示・管理	労働者に対する仕事の割付、順序、緩急の調整など
	労働者の業務の遂行に関する評価などに関する指示・管理	労働者の業務の遂行に関する技術的な指導、勤惰点検、出来高査定など
労働時間などに関する指示・管理	労働者の始業・終業の時刻、休憩時間、休日、休暇などに関する指示・管理（単なる把握を除く）	受託業務の実施日時の打合せ方法、注文主からの指示方法、事業主側の責任者を通じた具体的な指示、事業主による業務時間の実績把握
	労働時間延長、休日労働の場合における指示・管理（単なる把握を除く）	労働者の時間外・休日労働の決定方法、業務量の増減がある場合の注文主から受ける連絡体制
企業における秩序の維持、確保などにおける指示・管理	労働者の服務上の規律に関する指示・管理	労働者に係る事業所への入退場に関する規律、服装、職場秩序の保持、風紀維持のための規律など
	労働者の配置等の決定・変更	労働者に係る勤務場所、直接指揮命令する者等の決定・変更

Q 17 「請負契約により請け負った業務を自己の業務として、契約の相手方から独立して処理するものであること」とは、具体的にどのようなことですか

A 「業務の処理に要する資金」「業務の処理に関する法的責任」「単に肉体的な労働力を提供するものでないこと」の3つの事項について、いずれにも該当していれば、契約の相手方から独立して処理をしていると判断できます。

業務の処理に要する資金につき、全て自らの責任の下に調達し、かつ、支弁すること

この要件の判断に当たっては、資金についての調達、支弁の方法は特に問いませんが、事業運転資金などは全て自らの責任で調達し、かつ、支弁していることが必要です。

業務の処理について、民法、商法その他の法律に規定された事業主としての全ての責任を負うこと

この要件の判断に当たっては、例えば、注文主などが損害を被った場合に損害賠償を支払う旨の規定が請負契約書に明記されていることや、損害賠償責任を負う意思表示や履行能力を担保するために任意保険の加入をしているかなどが勘案されます。

単に肉体的な労働力を提供するものでないこと（次のいずれかに該当していること）

1. 自己の責任と負担で準備し、調達する機械、設備・器材（業務上必要な簡易な工具を除く）、材料・資材により、業務を処理すること

この要件は、機械、設備、資材などの所有関係、購入経路などを問いませんが、機械、資材などを相手方から借り入れたり購入したものについては、別個の双務契約（契約当事者双方に相互に対価的関係をなす法的義務を課する契約）による正当なものであることが必要となります。

　なお、機械、設備、器材などの提供の度合については、単に名目的に軽微な部分のみを提供するにとどまるものでない限り、請負により行われる事業において一般的な社会通念に照らして、通常提供すべきものが業務処理の進捗状況に応じて、随時、提供・使用されていればよいとされています。

2. 自ら行う企画や自己の有する専門的な技術・経験に基づいて、業務を処理すること

　この要件は、事業主が企業体として有する技術、技能などに関するものであって、業務を処理する個々の労働者が有する技術、技能などに関するものではありません。

契約相手方から独立して処理をしているか		判断するためのポイント
業務の処理に要する資金	全て自らの責任の下に調達し、かつ、支弁すること	事業運転資金などは全て自らの責任で調達・支弁していることが必要
業務の処理に関する法的責任	民法、商法その他の法律に規定された事業主としての全ての責任を負うこと	損害賠償責任が請負契約に記載されているか、責任に対して履行能力を担保するために任意保険に加入しているか
単に肉体的な労働力を提供するものでないこと（いずれかに該当していること）	準備・調達する機械・設備・器材や材料・資材の負担者	機械、資材などにおける借入・購入など相手方からの提供度合い
	自ら行う企画、自己の持つ専門的技術・経験	事業主が企業体として有する技術、技能等に関するもの（個々の労働者が有する技術、技能等ではない）

地裁と高裁で「指揮命令関係の有無」の判断が真逆になった裁判例

| 東リ事件 | 神戸地裁／令和2年3月13日 |
| | 大阪高裁／令和3年11月4日 |

　請負業者の従業員が、注文主の製造現場で注文主の従業員とともに作業に従事していたことについて偽装請負であるか否かで争われたこの事件は、地裁では「指揮命令関係はなかった」として請負の注文主側の主張を認めたものの、高裁では逆に「指揮命令関係があった」として、偽装請負による違法派遣を認めました。

　事実関係にほぼ争いはなかったのですが、同じ事象を地裁では「形式を重視した判断」をしたのに対し、高裁では「実態を重視した判断」をしています。

地裁（偽装請負ではない）	高裁（偽装請負である）
注文主からの製造依頼書は、メールで請負業者の主任責任者に送られており<u>作業員個人には送られていない</u>。	請負業者の主任責任者にメールで送られた伝達事項は、<u>注文主からの具体的な作業手順の指示である</u>。
送付された製造依頼書により、請負業者の主任責任者は自ら週間製造日程表を<u>作成していた</u>。	主任責任者が作成した週間製造日程表を注文主が修正をしており、業務の遂行方法を<u>自らの判断で自由に決定していない</u>。
請負業者の従業員が時間外労働をするときは、<u>事前に社長に許可を求めていた</u>。	請負業者の社長は、現場の実態や個々の従業員の稼働状況に即した<u>具体的な指導を行っていない</u>。

地裁（偽装請負ではない）	高裁（偽装請負である）
請負業者の従業員による事故発生時に、請負業者の現場責任者が注文主に対して報告をするとともに、事故を発生させた従業員の指導を行っている。	請負業者の現場責任者は、事故発生について社長へ報告をしていない。また、請負業者として、従業員の服務規律に関する指示は出されていない。
業務請負契約書には、作った製品に不具合のあった場合は修復する義務を負い、また、注文主は契約解除ができる旨の定めがある。	製品に不具合があった際も、注文主は請負業者に業務請負契約による法的責任の履行を求めたことはない。

　このように、高裁では実態として指揮命令関係があり偽装請負である、つまり、労働契約のみなし申込みがあったと認め、また、労働者も期限内にみなし申込みに対する承諾の意思表示をしていたことから、直接雇用が成立しているとして、注文主の東リに多額の未払い賃金の支払いを命じています。

第3章

派遣労働者の受け入れ準備

① 社内体制整備

Q 18 派遣先責任者はどのように選任すれば
よいのでしょうか

　　　派遣先は、派遣就業に関する事項を行わせるため、
事業所など派遣就業の場所ごとに専属の派遣先責任者
を選任しなければなりません（派遣法第 41 条）。
　　　派遣先責任者は、派遣元責任者などと連携して、派
遣労働者の保護などに関する業務を行います。

派遣先責任者の職務

　派遣先責任者は、次の業務を行います。

1. 関係者への周知に関すること
   - 労働者派遣法や労働基準法などに関して適用される法律の規定
     について関係者への周知
   - 派遣労働者に係る労働者派遣契約の定めについて関係者への周
     知
   - 派遣元事業主から受けた通知の内容について関係者への周知
2. 派遣可能期間の延長通知に関すること
3. 派遣先における均衡待遇の確保に関すること
   - 派遣先における教育訓練の実施状況の把握
   - 利用できる福利厚生施設の把握
   - 派遣元に提供した派遣先の労働者に関する情報、派遣労働者の
     業務の遂行状況などの情報の把握
4. 派遣先管理台帳の作成、記載、保存、記載事項の通知に関するこ
   と

5. 派遣労働者から申し出を受けた苦情の処理
6. 安全衛生に関すること（派遣先において安全衛生を統括管理する者や派遣元事業主との連絡調整）

　　例えば、派遣労働者の安全衛生が的確に確保されるよう、次のような連絡調整を行います。
　　・健康診断（一般定期健康診断、有害業務従事者に対する特別な健康診断など）の実施に関する事項
　　　（時期、内容、所見がある場合における就業場所変更などの措置）
　　・安全衛生教育（雇入れ時の安全衛生教育、作業内容変更時の安全衛生教育、特別教育、職長等教育など）に関する事項（時期、内容、実施責任者など）
　　・労働者派遣契約で定めた安全衛生に関する事項の実施状況の確認
　　・事故などが発生した場合における内容・対応状況の確認
7. その他派遣元事業主との連絡調整

　　例えば、派遣元事業主との連絡調整の中心になる派遣元責任者との間において、派遣就業に伴い生じた問題の解決を図ります。

派遣先責任者の選任方法

　派遣先責任者は、事業所など派遣就業の場所ごとに、派遣先が雇用する労働者（法人の役員は可、監査役は不可）の中から選任します（派遣則第 34 条第 1 号、派遣要領第 7 の 12 ⑶イ）。
　派遣先責任者の選任に当たっては、
　　・労働関係法令に関する知識を有する者であること
　　・人事や労務管理などに関する専門的な知識や相当期間の経験を有する者であること
　　・派遣労働者の就業に係る事項に関する一定の決定・変更を行い得る権限を有する者であること
など、派遣先責任者の職務を的確に遂行することができる者を選任するよう努めることが必要です（派遣先指針第 2 の 13）。

また、派遣先責任者は「専属」であることが必要なので、他の事業所の派遣先責任者と兼任することはできません（「専属」とは「派遣先責任者に関する業務だけを行う」ということではありません。）。

派遣先責任者講習の受講

派遣元責任者と異なり、派遣先責任者は講習の受講が選任の要件とされていません。

しかし、派遣先責任者としての能力向上を図り、派遣先責任者として適切な業務が行えるよう、派遣先は、派遣先責任者を新たに選任したときや労働関係法令の改正が行われたときなどの機会を捉え、派遣先責任者講習を受講させることが望ましいとされています（派遣要領第7の12(5)）。

なお、派遣先責任者講習の日程や講習を行っている機関は厚生労働省のHPから探すことができます。

【派遣先責任者講習】
https://www.mhlw.go.jp/stf/seisakunitsuite/bunya/0000088382.html

派遣先責任者を選任しない場合の罰則

派遣先が法令の定めによる派遣先責任者を選任しない場合、30万円以下の罰金に処するとされています。

また、派遣先が法人の場合は、代表者や従業員だけではなく法人に対しても罰金刑が科せられます（派遣法第61条第3号、第62条）。

Q 19 派遣先責任者は何人選任すればよいのでしょうか

 事業所など派遣就業の場所で受け入れている派遣労働者の数により必要な派遣先責任者の数が変わります。また、派遣労働者を製造業務に従事する場合は、製造業務専門派遣先責任者の選任も考慮しなければなりません。

選任する派遣先責任者の数

派遣先責任者は、事業所の派遣労働者 100 人ごとに 1 人以上を選任しなければなりません（派遣則第 34 条第 2 号）。

派遣労働者の数	派遣先責任者の数
1 人〜 100 人	1 人以上
101 人〜 200 人	2 人以上
201 人〜 300 人	3 人以上
以降 100 人ごと	3 人に 1 人以上ずつ加える

なお、事業所で受け入れている派遣労働者の数と派遣先で雇用している労働者の数が合計 5 人以下であれば、派遣先責任者を選任する必要はありません。

製造業務専門派遣先責任者

物の製造の業務に 50 人を超える派遣労働者を受け入れる事業所では、原則として、製造業務に従事する派遣労働者 100 人当たり 1 人以上を「製造業務専門派遣先責任者」（製造業務に関する派遣労働者を

専門に担当する派遣先責任者）として選任しなければなりません。

　ただし、製造業務専門派遣先責任者のうち1人は、製造業務以外の業務を行う派遣労働者を併せて担当しても構いません（派遣則第34条第3号）。

　また、安全衛生上必要な場合は、製造業務専門派遣先責任者に、製造業務を行う派遣労働者と製造業務に付随する製造以外の業務（製造付随業務）に従事する派遣労働者を、派遣労働者の合計数が100人を超えない範囲内で、併せて担当させることができます。

　なお、「物の製造の業務」とは、物の溶融、鋳造、加工、組立て、洗浄、塗装、運搬など物を製造する工程における作業に係る業務をいいます（派遣法附則第4項、派遣則第29条第3号）。

具体的な算出方法

〔事例1〕
　派遣先における全派遣労働者：300人

　　　　　　　　（うち製造業務：40人、製造業務以外260人）

→　通常の派遣先責任者　3人のみ

（理由）
　・製造業務を行う派遣労働者は50人以下なので、製造業務専門派遣先責任者は不要

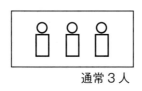

通常3人

〔事例2〕
　　派遣先における全派遣労働者：300人

　　　　　　　　　　（うち製造業務：150人、製造業務以外150人）
　→　製造業務専門派遣先責任者　2人
　　（うち1人は製造業務以外の業務へ派遣されている派遣労働者を
　　　併せて担当することができる）
　　　通常の派遣先責任者　　　　2人
　　（製造業務専門派遣先責任者のうち1人が、製造業務以外の業務
　　　に従事する派遣労働者を併せて担当する場合は、1人）

原則　　　　　　　　　　　兼任する場合

 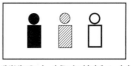

製造2人＋通常2人　　　　製造2人（うち兼任1人）
　　　　　　　　　　　　　　　　＋通常1人

Q 20 派遣先管理台帳はなぜ作成しなければ
ならないのですか

　派遣先管理台帳は、派遣先が、労働日、労働時間な
どの派遣労働者の就業実態を的確に把握するとともに、
台帳の記載内容を派遣元事業主に通知することにより、
派遣元事業主が適正な雇用管理を行うために作成しま
す。

派遣先管理台帳の作成が不要な場合

　事業所で受け入れている派遣労働者の数と派遣先で雇用している労
働者の数が合計5人以下であれば、派遣先管理台帳を作成・記載する
必要はありません（派遣則第35条第3項）。

派遣先管理台帳に記載する項目

　派遣先管理台帳には、次の事項について派遣労働者ごとに記載をし
ます（派遣法第42条第1項、派遣則第36条）。
　なお、下線のある項目は、1か月に1回以上、一定の期日を定めて
派遣元事業主へ通知しなければならない事項です（派遣法第42条第
3項、派遣則第38条）。

1. 派遣労働者の氏名
2. 派遣元事業主の氏名・名称
3. 派遣元事業主の事業所の名称
4. 派遣元事業主の事業所の所在地
5. 協定対象派遣労働者か否かの別
6. 無期雇用派遣労働者か有期雇用派遣労働者かの別
7. 派遣就業した日
　・実際に就業した日の実績

8. 派遣就業をした日ごとの始業・終業時刻、休憩時間
   ・実際の始業・終業の時刻、休憩時間の実績
9. 従事した業務の種類
10. 派遣労働者が従事する業務に伴う責任の程度
    ・チームリーダー、副リーダーなど具体的な役職
    ・役職を有さない派遣労働者であればその旨を記載すればよいが、派遣労働者の適正な雇用管理を行うため、より具体的に記載することが求められます。
11. 派遣労働者が労働者派遣に係る労働に従事した事業所の名称・所在地その他派遣就業をした場所、組織単位
12. 派遣労働者から申し出を受けた苦情の処理に関する事項
    ・苦情の申し出を受けた年月日、苦情の内容、苦情の処理状況について、苦情の申し出を受けた都度、苦情の処理に当たった都度に記載するとともに、その内容は派遣元事業主に通知します。
13. 紹介予定派遣に係る派遣労働者については、その紹介予定派遣に関する事項
    ・紹介予定派遣である旨
    ・派遣労働者を特定することを目的とする行為を行った場合にはその行為の内容、複数人から派遣労働者の特定を行った場合にはその特定の基準
    ・採否結果
    ・職業紹介を受けることを希望しなかった場合や職業紹介を受けた者を雇用しなかった場合には、その理由
14. 教育訓練を行った日時、内容
    ・業務の遂行の過程内における実務を通じた実践的な技能や、これに関する知識の習得に係る教育訓練（OJT）であって計画的に行われるもの
    ・業務の遂行の過程外において行われる教育訓練（off-JT）
15. 派遣先責任者と派遣元責任者に関する事項
16. 派遣受入期間の制限を受けない業務について行う労働者派遣に関

する事項

17. 派遣労働者に係る社会保険・雇用保険の被保険者資格取得届の提出の有無

派遣先管理台帳の記載例

1　派遣労働者の氏名　□□□□□（60歳未満）

2　派遣元事業主の名称　○○○○株式会社

3　派遣元事業主の事業所の名称　○○○○株式会社霞が関支店

4　派遣元事業主の事業所の所在地

　〒100-8988 千代田区霞が関1－2－2△ビル12階

　TEL 3597 － ****

5　業務の種類　パーソナルコンピュータの操作によるプレゼンテーション用資料、業績管理資料、会議用資料等の作成業務。

6　業務に伴う責任の程度

　副リーダー（部下2名、リーダー不在の間における緊急対応が週1回程度有）

7　協定対象派遣労働者かの別　協定対象派遣労働者ではない

8　無期雇用か有期雇用かの別　有期雇用

9　派遣就業した事業所の名称、就業場所及び組織単位

　　　　　　　　　　　　△△△△株式会社霞が関支店 経理課

10　派遣就業した事業所の所在地

　〒100-8916 千代田区霞が関○－○－○

　TEL 3593-****（内線571）

11　派遣元責任者　派遣事業運営係長 ◎◎◎◎◎ 内線100

12　派遣先責任者　総務部秘書課人事係長 ●●●●● 内線5720

13 就業状況

就業日	就業時間	休憩時間
◎月1日（月）	9：00 〜 19：00	12：00 〜 13：00
	事務用機器操作業務：9時間 （時間外労働1時間を含む。）	
◎月2日（火）	9：00 〜 18：00	12：00 〜 13：00
	事務用機器操作業務：8時間	
◎月3日（水）	9：00 〜 18：00	12：00 〜 13：00
	事務用機器操作業務：8時間	

14 派遣労働者からの苦情処理状況

申し出を受けた日	苦情内容、処理状況
☆月○日（金）	同一の部署内の男性労働者が、顔を合わせると必ず容姿や身体に関して言及するとの苦情。当該部署内にセクシュアルハラスメント防止に関する啓発用資料を配布するとともに、説明を行ったところ、以後、そのような不適切な発言はなくなった。

15 教育訓練の日時及び内容
　　○月○日（水）15：00 〜 17：00
　　入職時に社内で通常使用するPC等を利用しての基礎的訓練の実施

16 雇用保険・社会保険の被保険者資格取得届の提出の有無
　　雇用保険　有
　　健康保険　無（ただし、現在、必要書類の準備中であり、○月○日に届出予定）……○月○日手続完了を確認、有
　　厚生年金保険　無（ただし、現在、必要書類の準備中であり、○月○日に届出予定）……○月○日手続完了を確認、有

【出典】厚生労働省「許可・更新等手続マニュアル」

派遣先管理台帳の保存期間

派遣先管理台帳は、労働者派遣の終了の日から３年間、保存しなければなりません（派遣法第 42 条第 2 項、派遣則第 37 条）。

「労働者派遣の終了の日」とは、労働者派遣を受け入れる際に、派遣元事業主から受けた通知（Q29 参照）による労働者派遣の期間の終了の日となります。

なお、労働者派遣契約が更新されている場合は、更新に当たって通知された派遣期間の終了の日となります（派遣要領第 7 の 13 (3)ロ（ハ））。

派遣先管理台帳の作成などをしなかった場合の罰則

派遣先が、法令の定めによる派遣先管理台帳を所定の方法により作成、記載、保存、派遣元への通知をしなかった場合、30 万円以下の罰金に処するとされています。

また、派遣先が法人の場合は、代表者や従業員だけではなく法人に対しても罰金刑が科せられます（派遣法第 61 条第 3 号、第 62 条）。

② 労働者派遣契約の内容

Q21 派遣元事業主との契約に当たり、どのような点に留意したらよいのでしょうか

　労働者派遣契約の締結に当たり、労働者派遣法では必ず定めなければならない内容が規定されています。
　契約を締結する際、派遣先においても法定事項が契約内容に盛り込まれているか、また、その内容が法律違反に当たらないかをきちんと確認しなければなりません。

労働者派遣契約の内容

　労働者派遣契約の当事者（派遣元事業主、派遣先）は、契約の締結に際し次の1〜17の事項を定めるとともに、その内容の差異に応じて派遣労働者の人数を定めなければなりません（派遣法第26条第1項、派遣則第22条、第21条第1項）。

　なお、労働者派遣契約は書面にしておかなければならず（派遣則第21条第3項）、派遣先は労働者派遣契約の定めに反することのないように適切な措置を講じなければなりません（派遣法第39条）。

1. 業務の内容（派遣法第26条第1項（以下「法」）第1号）
2. 責任の程度（派遣則第22条（以下「則」）第1号）
3. 事業所の名称・所在地その他派遣就業の場所、組織単位（法第2号）
4. 指揮命令者（法第3号）
5. 派遣期間、派遣就業日（法第4号）
6. 就業時間、休憩時間（法第5号）

7. 安全衛生（法第6号）

8. 派遣労働者からの苦情の処理（法第7号）

9. 労働者派遣契約の解除に当たって講ずる派遣労働者の雇用の安定を図るための措置（法第8号）

10. （労働者派遣契約が紹介予定派遣に係るものである場合）紹介予定派遣に関する事項（法第9号）

11. 派遣元責任者・派遣先責任者（則第2号）

12. 就業日外労働、時間外労働（則第3号）

13. 派遣労働者の福祉の増進のための便宜の供与（則第4号、派遣法第40条第4項、派遣先指針第2の9(1)）

14. 派遣先が派遣労働者を雇用する場合の紛争防止措置（則第5号）

15. 派遣労働者を協定対象派遣労働者に限定するか否かの別（則第6号）

16. 派遣労働者を無期雇用派遣労働者・60歳以上の者に限定するか否かの別（則第7号）

17. 派遣可能期間の制限を受けない業務に係る労働者派遣に関する事項（派遣則第22条の2）

労働者派遣契約のサンプル

労働者派遣契約の定めの例（有期雇用派遣労働者を派遣する場合）

　　　○○○○株式会社（派遣先）と□□□□株式会社（派遣元事業主）（派**-******）とは、次のとおり労働者派遣契約を締結する。

1　業務内容

　パーソナルコンピュータの操作によるプレゼンテーション用資料、業績管理資料、会議用資料等の作成業務

　（労働者派遣事業の適正な運営の確保及び派遣労働者の保護等に関する法律施行令第4条第1項第3号の事務用機器操作に該当。）

2　責任の程度

　副リーダー（部下2名、リーダー不在の間における緊急対応が週1回程度有）

3　事業所の名称及び所在地その他派遣就業の場所

　○○○○株式会社本社　国内マーケティング部営業課販売促進係

　（〒110-0010 千代田区霞が関1－2－2○ビル2階 TEL 3593 － ****）

4　組織単位　国内マーケティング営業課（国内マーケティング営業課長）

5　指揮命令者　国内マーケティング部営業課販売促進係長★★★★★

6　派遣期間　20XX年4月1日から20XX年3月31日まで

　　　　　　　　　　（※紹介予定派遣の場合は、6か月以内の期間とする。）

7　就業日　月〜金（ただし、祝日、年末年始（12月29日から1月3日）、夏季休業（8月13日から8月16日）を除く。）

8　就業時間　9時から18時まで

9　休憩時間　12時から13時まで

10　安全及び衛生

　　派遣先及び派遣元は、労働者派遣法第44条から第47条の4までの規定により課された各法令を遵守し、自己に課された法令上の責任を負う。なお、派遣就業中の安全及び衛生については、派遣先の安全衛生に関する規定を適用することとし、その他については、派遣元の安全衛生に関する規定を適用する。

11 派遣労働者からの苦情の処理

(1) 苦情の申し出を受ける者

派遣先 営業課総務係主任 ☆☆☆☆☆ TEL 3597 － **** 内線 101

派遣元事業主 派遣事業運営係主任 ※※※※※

TEL 3593 － **** 内線 5721

(2) 苦情処理方法、連携体制等

① 派遣元事業主における(1)記載の者が苦情の申し出を受けたときは、ただちに派遣元責任者の◎◎◎◎◎へ連絡することとし、当該派遣元責任者が中心となって、誠意をもって、遅滞なく、当該苦情の適切迅速な処理を図ることとし、その結果について必ず派遣労働者に通知することとする。

② 派遣先における(1)記載の者が苦情の申し出を受けたときは、ただちに派遣先責任者の●●●●●へ連絡することとし、当該派遣先責任者が中心となって、誠意をもって、遅滞なく、当該苦情の適切かつ迅速な処理を図ることとし、その結果について必ず派遣労働者に通知することとする。

③ 派遣先及び派遣元事業主は、自らでその解決が容易であり、即時に処理した苦情の他は、相互に遅滞なく通知するとともに、密接に連絡調整を行いつつ、その解決を図ることとする。

12 労働者派遣契約の解除に当たって講ずる派遣労働者の雇用の安定を図るための措置

(1) 労働者派遣契約の解除の事前の申入れ

派遣先は、専ら派遣先に起因する事由により、労働者派遣契約の契約期間が満了する前の解除を行おうとする場合には、派遣元事業主の合意を得ることはもとより、あらかじめ相当の猶予期間をもって派遣元事業主に解除の申入れを行うこととする。

(2) 就業機会の確保

派遣元事業主及び派遣先は、労働者派遣契約の契約期間が満了する前に派遣労働者の責に帰すべき事由によらない労働者派遣契約の解除を行った場合には、派遣先の関連会社での就業をあっせんする等により、当該労働者派遣契約に係る派遣労働者の新たな就業機会の確保を図ることとする。

(3)　損害賠償等に係る適切な措置

　　派遣先は、派遣先の責に帰すべき事由により労働者派遣契約の契約期間が満了する前に労働者派遣契約の解除を行おうとする場合には、派遣労働者の新たな就業機会の確保を図ることとし、これができないときには、少なくとも当該労働者派遣契約の解除に伴い派遣元事業主が当該労働者派遣に係る派遣労働者を休業させること等を余儀なくされたことにより生じた損害の賠償を行わなければならないこととする。例えば、派遣元事業主が当該派遣労働者を休業させる場合は休業手当に相当する額以上の額について、派遣元事業主がやむを得ない事由により当該派遣労働者を解雇する場合は、派遣先による解除の申入れが相当の猶予期間をもって行われなかったことにより派遣元事業主が解雇の予告をしないときは30日分以上、当該予告をした日から解雇の日までの期間が30日に満たないときは当該解雇の日の30日前の日から当該予告の日までの日数分以上の賃金に相当する額以上の額について、損害の賠償を行わなければならないこととする。その他派遣先は派遣元事業主と十分に協議した上で適切な善後処理方策を講ずることとする。また、派遣元事業主及び派遣先の双方の責に帰すべき事由がある場合には、派遣元事業主及び派遣先のそれぞれの責に帰すべき部分の割合についても十分に考慮することとする。

(4)　労働者派遣契約の解除の理由の明示

　　派遣先は、労働者派遣契約の契約期間が満了する前に労働者派遣契約の解除を行おうとする場合であって、派遣元事業主から請求があったときは、労働者派遣契約の解除を行った理由を派遣元事業主に対し明らかにすることとする。

13　派遣元責任者　派遣元事業主の派遣事業運営係長◎◎◎◎◎

TEL 3597 － ＊＊＊＊ 内線 100

14　派遣先責任者　派遣先の総務部秘書課人事係長●●●●●

TEL 3593 － ＊＊＊＊ 内線 5720

15　就業日外労働

　　7の就業日以外の就労は、1か月に2日の範囲で命ずることができるものとする。

16　時間外労働

　　8の就業時間外の労働は1日4時間、1か月45時間、1年360時間の範囲で命ずることができるものとする。

17　派遣人員　2人

18　派遣労働者の福祉の増進のための便宜の供与

　　派遣先は、派遣先の労働者に対して利用の機会を与える診療所については、本契約に基づく労働者派遣に係る派遣労働者に対しても、利用の機会を与えるように配慮しなければならないこととする。

19　派遣先が派遣労働者を雇用する場合の紛争防止措置

　　労働者派遣の役務の提供の終了後、当該派遣労働者を派遣先が雇用する場合には、その雇用意思を事前に派遣元事業主に対して示すこと。

　　また、職業紹介を経由して行うこととし、紹介手数料として、派遣先は派遣元事業主に対して、支払われた賃金額の●●分の●●に相当する額を支払うものとする。ただし、引き続き6か月を超えて雇用された場合にあっては、6か月間の雇用に係る賃金として支払われた賃金額の●分の●に相当する額とする

20　派遣労働者を協定対象派遣労働者に限定するか否かの別

　　協定対象派遣労働者に限定しない。

21　派遣労働者を無期雇用派遣労働者又は60歳以上の者に限定するか否かの別

　　無期雇用派遣労働者又は60歳以上の者に限定しない。

（紹介予定派遣に係る契約である場合は下記の項目例を記載）

22　紹介予定派遣に関する事項

(1)　派遣先が雇用する場合に予定される労働条件等

　　　契約期間　　期間の定めなし

　　　業務内容　　プレゼンテーション用資料、業績管理資料、
　　　　　　　　　会議用資料等の作成業務及び来客対応

　　　試用期間に関する事項　なし

　　　就業場所　　○○○○株式会社本社
　　　　　　　　　国内マーケティング部営業課販売促進係
　　　　　　　　　（〒110-0010 千代田区霞が関1－2－2○ビル2階
　　　　　　　　　TEL 3593 － ****）

始業・終業　始業：9時　終業：18時

休憩時間　60分

所定時間外労働　有（1日4時間、1か月45時間、
　　　　　　　　　　1年360時間の範囲内）

休日　毎週土、日、祝日、年末年始（12月29日から1月3日）
　　　夏季休業（8月13日から8月16日）

休暇　年次有給休暇：10日（6か月継続勤務後）

その他：有給（慶弔休暇）

賃金　基本賃金：月給180,000～240,000円（毎月15日締切、
　　　　　　　　毎月20日支払）
　　　通勤手当：通勤定期券代の実費相当（上限月額35,000円）
　　　所定時間外、休日又は深夜労働に対して支払われる割増賃金率・
　　　所定時間外：法定超25%、休日：法定休日35%、深夜：25%
　　　昇給：有（0～3,000円／月）
　　　賞与：有（年2回、計1か月分）

社会保険の加入状況　厚生年金、健康保険、雇用保険、
　　　　　　　　　　労災保険 有

労働者を雇用しようとする者の名称　□□□□株式会社

(2)　その他

・派遣先は、職業紹介を受けることを希望しなかった又は職業紹介を受けた者を雇用しなかった場合には、その理由を、派遣元事業主に対して書面により明示する。

・紹介予定派遣を経て派遣先が雇用する場合には、年次有給休暇及び退職金の取扱いについて、労働者派遣の期間を勤務期間に含めて算入することとする。

【出典】厚生労働省「許可・更新等手続マニュアル」

Q 22 労働者派遣契約で記載が必須とされる「労働者派遣契約の解除に当たって講ずる派遣労働者の雇用の安定を図るための措置」とは、どのようなことですか

A 派遣先が契約期間の満了前に労働者派遣契約を解除する際に、受け入れていた派遣労働者の雇用の安定を図る観点から、労働者派遣契約の当事者である派遣先と派遣元事業主が協議して定める措置のことです。

労働者派遣契約の解除に当たって講ずべき措置

　派遣先の都合による労働者派遣契約の解除に当たっては、派遣先は、派遣労働者の新たな就業の機会の確保、派遣元事業主が派遣労働者に対して支払う休業手当などの支払に要する費用の負担など、派遣労働者の雇用の安定を図るために必要な措置を講じなければならないとされています（派遣法第29条の2）。

措置事項の具体例

> ① 労働者派遣契約の解除の事前申入れ
> ② 派遣先における就業機会の確保
> ③ 損害賠償などの適切な措置
> ④ 労働者派遣契約の解除理由の明示

労働者派遣契約の解除の事前申入れ

　派遣先の都合により契約期間が満了する前に労働者派遣契約の解除を行おうとする場合、派遣先は、派遣元事業主の合意を得ることはもとより、あらかじめ相当の猶予期間をもって派遣元事業主に解除の申

入れを行わなければなりません（派遣先指針第 2 の 6 (2)）。

派遣先における就業機会の確保と損害賠償などの適切な措置

　労働者派遣契約の契約期間が満了する前に、派遣労働者の責任とはならない理由で労働者派遣契約が解除された場合、派遣先は、派遣先の関連会社での就業をあっせんするなど、派遣元事業主とともに派遣労働者の新たな就業機会の確保を図ることとしています（同 (3)）。

　また、派遣先における就業機会の確保ができない場合、派遣先は、契約解除に伴い派遣元事業主が派遣労働者に支払う休業手当や解雇予告手当に相当する金額など、契約解除により発生した損害の賠償を行わなければなりません（同 (4)）。

労働者派遣契約の解除理由の明示

　契約期間が満了する前に労働者派遣契約の解除を行おうとし、かつ、派遣元事業主から請求があった場合、派遣先は、労働者派遣契約の解除を行った理由を派遣元事業主に対し明らかにしなくてはなりません（同 (5)）。

Q 23 受け入れた派遣労働者が遅刻や欠勤を
繰り返すなどの問題があるとき、派遣
労働者を解雇することはできますか

A 　派遣先は、雇用関係にない派遣労働者を解雇することはできません。派遣労働者の解雇権を持つのは雇用関係にある派遣元事業主であり、派遣先は労働者派遣契約の解除ができるにすぎません。

　ただし、派遣先が労働者派遣契約を解除する場合にも、一定の制限が設けられています。

労働者派遣契約の解除の制限

　派遣先は、派遣労働者の国籍、信条、性別、社会的身分、派遣労働者が労働組合の正当な行為をしたことなどを理由として、労働者派遣契約を解除することはできません（派遣法第27条）。

　「信条」とは特定の宗教的または政治的信念を、「社会的身分」とは生来的な地位をいいます。また、「労働組合の正当な行為」とは、団体交渉などの正当な争議行為のほか、労働組合の会議に出席したり決議に参加すること、あるいは組合用務のために出張するなどの行為も含まれます（派遣要領第5の3(3)イ、ロ）。

　さらに、人種、門地、女性労働者が婚姻・妊娠・出産したこと、心身障害者であること、労働組合の組合員であること、労働組合に加入したこと、労働組合を結成しようとしたこと、派遣先へ苦情を申し出たこと、派遣先が法に違反したことを関係行政機関に申告したことなども、労働者派遣契約の解除が禁止される不当な事由とされています（同ハ）。

　なお、これらの理由により労働者派遣契約を解除した場合は、公序良俗に反するものとして無効となります。したがって、派遣先が解除

を主張したとしても、派遣元事業主は解除の無効を主張して契約の履行を求めることができます。また、派遣元事業主が損害を被った場合、派遣先は損害賠償を請求されるおそれがあります。

派遣元事業主が労働者派遣契約を解除できる場合

一方、派遣先が、労働者派遣法や労働基準法、労働安全衛生法などの労働関係法令（Q14 参照）に違反した場合、派遣元事業主は、労働者の派遣を停止したり、労働者派遣契約を解除することができます（派遣法第 28 条）。

「労働者派遣の停止」や「労働者派遣契約の解除」は、労働者派遣契約に解除制限事由や解除予告期間が定められていたとしてもその定めは無効であることから、派遣元事業主は直ちに停止・解除を行うことができます（派遣要領第 5 の 4 (2)ハ）。

また、一方的に契約を解除した場合、一般的には債務不履行で損害賠償の責を負うこととなります。しかし、労働者派遣の停止や労働者派遣契約の解除のため派遣先が損害を被ったとしても、停止や解除を行った派遣元事業主には債務不履行による損害賠償の責を負うことはありません（同ニ）。

労働者派遣契約の解除の非遡及

労働者派遣契約の解除は、将来に向かってのみ、その効力を生じます（派遣法第 29 条）。

民法では、当事者の一方が解除権を行使したときはそれぞれが原状を回復させる義務があるとしています（民法第 545 条第 1 項）が、労働者派遣法ではその性質から特例として別の考え方が決められています。

なぜなら、労働者派遣では、派遣先が派遣元事業主に支払う「派遣料金」と派遣元事業主が派遣労働者に支払う「賃金」との間に強い相関関係があります。つまり、「派遣料金」は実質的に労働契約と内容が同じであり、契約が解除された場合にその効果を遡及させることは

適当でないからです。

　そのため、解除の効果は、労働者派遣契約の解除の意思表示がなされたとき以後についてのみ生ずることとされています。

　なお、契約解除の非遡及規定は強行規定になるので、労働者派遣契約において法律に反する定めをしていてもその部分は無効となります。

派遣労働者の交替要請

　相当の事情が発生したことにより、労働者派遣契約の契約期間が満了する前に派遣先が派遣労働者の交替を求める場合、派遣先は派遣元事業主と十分に協議を行うことが必要です。

　また、現在の派遣労働者に対して雇用の安定を図るため、派遣先は次の措置についても留意しなければなりません。

　　・労働者派遣契約の変更の事前申入れ
　　・派遣先における就業機会の確保
　　・労働者派遣契約の変更の理由（派遣労働者の交替を求める理由）
　　　の明示
　　・派遣元事業主において支払われる休業手当や解雇予告手当など
　　　の損害に対する賠償

　派遣先は、労働者派遣制度においても、労働者の解雇に当たる労働者派遣契約の解除や変更は安易に行えないことを認識しておかなければなりません。

③　派遣労働者の同一労働同一賃金

Q 24　「派遣労働者の同一労働同一賃金」とは
どのようなことですか

　「同一労働同一賃金」は、雇用形態（正社員、パート、アルバイト、有期雇用、定年後の再雇用、派遣など）による不合理な待遇差を解消し、労働者が納得感と意欲を持って働くことのできる環境を整備しようとする考え方です。

　この中で、労働者派遣は、雇用する事業主と指揮命令をする事業主が異なるという特殊な働き方になるので、直接雇用の労働者の同一労働同一賃金について「パートタイム・有期雇用労働法」で定められたのに対して、派遣労働者の同一労働同一賃金については「労働者派遣法」に定められることになりました。

同一労働同一賃金とは

　「同一労働同一賃金」とは、同一企業・団体におけるいわゆる正規雇用労働者（無期雇用フルタイム労働者）と非正規雇用の労働者（有期雇用労働者、パートタイム労働者、派遣労働者など）との間の不合理な待遇差の解消を目指すものです。

　同一企業内における正規雇用労働者と非正規雇用労働者との間の不合理な待遇差を解消する取組みを通じて、どのような雇用形態を選択しても納得が得られる処遇を受けることができ、多様な働き方を自由に選択できるようにします。

　非正規雇用労働者のうち、派遣労働者は、有期雇用労働者やパート

タイム労働者と異なり、指揮命令関係と雇用関係が分離した特殊な働き方であることから、「同一労働同一賃金ガイドライン」では「短時間・有期雇用労働者」と「派遣労働者」では別項目として指針が示されています。

派遣労働者の同一労働同一賃金とは

　派遣労働者の就業場所は派遣先であり、待遇に関する派遣労働者の納得感を考慮するため、派遣先の労働者との均等・均衡は重要な観点となります。

　しかし、この場合、派遣先が変わるごとに賃金水準が変わり、派遣労働者の所得が不安定になることが想定されます。

　また、一般に賃金水準は大企業であるほど高く、小規模の企業であるほど低い傾向にありますが、派遣労働者が担う職務の難易度は、同種の業務であっても、大企業ほど高度で小規模の企業ほど容易とは必ずしもいえません。その結果、派遣労働者個人の段階的・体系的なキャリアアップ支援と不整合となる事態を招くこともあり得ます。

　このため、派遣労働者の待遇について、派遣元事業主には、

　　・派遣先均等・均衡方式：派遣先の通常の労働者との均等・均衡
　　　　　　　　　　　　　　待遇

　　・労使協定方式：一定の要件を満たす労使協定による待遇

のいずれかを確保することが義務化されています。

派遣元事業主・派遣先に求められる対応

	派遣先均等・均衡方式	労使協定方式
派遣元に求められる対応	派遣先の通常の労働者との均等待遇・均衡待遇を確保	一定の要件を満たす労使協定を締結し、その協定に基づく待遇を確保
派遣先に求められる対応	派遣先労働者の待遇に関する情報提供	教育訓練と福利厚生施設に係る部分の情報提供
	教育訓練、福利厚生施設の利用、就業環境の整備など	
	派遣元が求められている待遇の確保を遵守できるよう、派遣料金の額について配慮	

待遇決定2つの方式

	派遣先均等・均衡方式	労使協定方式		
比較対象	派遣先の通常の労働者	同種の業務に従事する一般労働者	派遣元の通常の労働者	派遣先の通常の労働者
比較対象の待遇	全ての待遇	賃金	賃金以外（派遣元が実施すべきもの）	賃金以外（派遣先が実施すべきもの）
法律の根拠	派遣法第30条の3	派遣法第30条の4①二	派遣法第30条の4①四	派遣法第30条の3　教育訓練（第40条②）福利厚生施設（第40条③）

労使協定の対象

Q 25 「派遣先均等・均衡方式」とはどのようなことですか

A 「派遣先均等・均衡方式」は、派遣労働者の待遇について、派遣先の通常の労働者との間で差別的な取り扱いをしないこと、不合理な待遇差をしないことを考慮して待遇の確保を図る方式をいいます。

派遣元事業主において労使協定が結ばれていない場合、原則的な考え方となる「派遣先均等・均衡方式」が適用されます。

派遣先均等・均衡方式とは

派遣先の通常の労働者との均等・均衡待遇を実現する「派遣先均等・均衡方式」のポイントは次のとおりです。

1. 派遣労働者の待遇は、派遣先の通常の労働者と比較して、「均等待遇」や「均衡待遇」が図られていることを求められる
2. 「均等待遇」や「均衡待遇」が求められるのは、基本給、賞与、手当、福利厚生、教育訓練、安全管理などの全ての待遇となる
3. 「均等待遇」や「均衡待遇」のどちらを求められるかは、派遣労働者と比較対象となる派遣先の通常の労働者との間で、
   ・職務の内容
   ・職務の内容や配置の変更の範囲
   が同じかどうかにより決まる

均等待遇

均等待遇とは、待遇決定に当たって、派遣労働者が派遣先の通常の労働者と同じに取り扱われること、つまり、派遣労働者の待遇が派遣先の通常の労働者と同じ方法で決定されることをいいます。

具体的には、「職務の内容」や「職務の内容・配置の変更の範囲」が同じ場合、派遣労働者であることを理由とした差別的取扱いは禁止されます。

　ただし、同じ取扱いのもとで、能力や経験などの違いにより差がつくことは構いません。

均衡待遇

　均衡待遇とは、派遣労働者の待遇について、派遣先の通常の労働者の待遇との間に不合理な待遇差がないことをいいます。

　具体的には、「職務の内容」「職務の内容・配置の変更の範囲」「その他の事情」の違いに応じた範囲内で待遇が決定されることです。

　「その他の事情」は、個々の状況に合わせて、その都度検討されます。例えば、成果、能力、経験、合理的な労使の慣行、労使交渉の経緯が想定されています。

均等待遇	差別的な取扱いをしないこと
均衡待遇	不合理な待遇差がないこと

派遣元事業主へ提供する比較対象労働者の待遇情報

　派遣先が、派遣元事業主へ提供する比較対象労働者の待遇情報は次のとおりです。
1. 比較対象労働者の職務の内容、職務の内容・配置の変更の範囲、雇用形態
2. 比較対象労働者を選定した理由
3. 比較対象労働者の待遇のそれぞれの内容（昇給、賞与その他の主な待遇がない場合には、その旨を含む。）
4. 比較対象労働者の待遇のそれぞれの性質、その待遇を行う目的
5. 比較対象労働者の待遇のそれぞれを決定するに当たって考慮した事項

なお、派遣先は、労働者派遣契約を締結するに当たり、あらかじめ、派遣元事業主に対し、派遣労働者が従事する業務ごとに、比較対象労働者の賃金などの待遇に関する情報を提供しなければなりません。

　派遣先からの情報提供がない場合、派遣元事業主は派遣先との間で労働者派遣契約を締結することができません。

派遣先均等・均衡方式の対象となる 派遣労働者数は非常に少ない

　厚生労働省が、労働者派遣事業報告書（令和3年6月1日現在の状況報告）を集計した結果、派遣労働者の実人数は1,686,697人、うち「労使協定方式」の対象となる派遣労働者数は1,580,708人と93.7%を占めています。「労使協定方式」の対象となる派遣労働者の割合は前年の90.5%から3.2ポイント増加しており、派遣先の事務負担が大きい「派遣先均等・均衡方式」の対象となる派遣労働者数は非常に少ないことが集計結果から読み取れます。

Q 26 比較対象労働者はどのように選定するのですか

派遣先が比較対象労働者を選定するに当たっては、その雇用する労働者と受け入れようとする派遣労働者との間で、「職務の内容」や「職務の内容や配置の変更の範囲」が同じであるかなどを基に判断することになります。

比較対象労働者の選定方法

派遣先は、次の1～6の優先順位により「比較対象労働者」を選定します。

1. 「職務の内容」と「職務の内容や配置の変更の範囲」が同じと見込まれる通常の労働者
2. 「職務の内容」が同じと見込まれる通常の労働者
3. 「業務の内容」または「責任の程度」が同じと見込まれる通常の労働者
4. 「職務の内容や配置の変更の範囲」が同じと見込まれる通常の労働者
5. 上記1～4に相当するパート・有期雇用労働者（パートタイム・有期雇用労働法などに基づき、派遣先の通常の労働者との間で均衡待遇が確保されていることが必要）
6. 派遣労働者と同一の職務に従事させるために新たに通常の労働者を雇い入れたと仮定した場合における労働者（仮想の通常の労働者）

なお、1～5の場合、同じ分類に複数の労働者が該当するときは、例えば次の観点から派遣労働者と最も近いと考える者を選定します。

　・基本給の決定などにおいて重要な要素（職能給であれば能力・

経験、成果給であれば成果など）における実態

・派遣労働者と同一の事業所に雇用されているかどうか

「職務の内容」「業務の内容」「責任の程度」とは

「職務の内容」とは、「業務の内容や、その業務に伴う責任の程度」をいいます。

また、「業務の内容」とは、職業上継続して行う仕事の内容を、「責任の程度」とは、業務に伴って行使するものとして付与されている権限の範囲・程度などをいいます。

具体的には、単独で契約締結可能な金額の範囲、管理する部下の数、決裁権限の範囲などの与えられている権限の範囲、業務の成果について求められる役割、トラブル発生時や臨時・緊急時に求められる対応の程度、ノルマなどの成果への期待の程度のことをいいます。

「通常の労働者」とは

「通常の労働者」とは、いわゆる正規型の労働者や、その業務に従事する無期雇用労働者のうち1週間の所定労働時間が最長の労働者をいいます。

Q 27 「労使協定方式」とはどのようなことですか

　「労使協定方式」は、派遣元事業主において労働者の過半数で組織する労働組合や労働者の過半数代表者と一定の要件を満たす労使協定を締結し、その協定に基づき派遣労働者の待遇について決定する方式をいいます。

　「労使協定方式」において対象となる待遇は、「賃金」（基本給・賞与・手当・退職金）と「賃金以外の待遇」となります。

賃金の決定方法

　「賃金」については、次の２つの条件を満たした決定方法をとることが求められます。
1. 派遣労働者が従事する業務と同種の業務に従事する一般労働者の平均的な賃金の額と同等以上であること
2. 職務の内容に密接に関連して支払われる賃金（通勤手当などを除く）は、派遣労働者の職務の内容、成果、意欲、能力、経験などの向上があった場合に改善されること

賃金以外の待遇

　「賃金以外の待遇」については、派遣元事業主の通常の労働者（派遣労働者を除く）と比較して「不合理な待遇差」が生じないようにすることが求められます。

　ただし、「賃金以外の待遇」のうち、派遣先が実施したり付与する待遇については「労使協定方式」の対象から除かれ、派遣先の通常の労働者との均等・均衡を図る必要があります。

派遣元事業主へ提供する比較対象労働者の待遇情報

　派遣先が、派遣元事業主へ提供する比較対象労働者の待遇情報は次のとおりです。

1. 派遣労働者と同種の業務に従事する派遣先の労働者に対して、業務の遂行に必要な能力を付与するために実施する教育訓練（派遣法第40条第2項）
2. 給食施設、休憩室、更衣室などの福利厚生施設（派遣法第40条第3項）

　なお、「派遣先均等・均衡方式」と同様に、派遣先は、労働者派遣契約を締結するに当たり、あらかじめ、派遣元事業主に対し、派遣労働者が従事する業務ごとに、比較対象労働者の賃金などの待遇に関する情報を提供しなければなりません。

　ただし、「労使協定方式」の場合は、「派遣先均等・均衡方式」とは異なり、比較対象労働者を「選定」することは要しません。

　また、派遣先からの情報提供がない場合、派遣元事業主は派遣先との間で労働者派遣契約を締結することができないことも「派遣先均等・均衡方式」の場合と同じです。

Q28 提供した待遇情報は、派遣元事業主においてどのように管理されるのですか

A 派遣元事業主では、待遇情報を3年間保存する義務がありますが、その情報は労働者派遣法で定める守秘義務の対象になります。

情報提供に関する書面の保存

派遣先は、情報提供に当たり、派遣元事業主へ情報提供すべき事項について、書面の交付、ファクシミリの送信、電子メールなどの送信により行わなければなりません（派遣則第24条の3第1項）。

また、派遣元事業主、派遣先はいずれも、これらの書面（写し）を、労働者派遣契約に基づく労働者派遣が終了した日から起算して3年を経過する日まで保存しなければなりません（同条第2項）。

秘密を守る義務

派遣先が提供した待遇情報は、労働者派遣法第24条の4の秘密を守る義務の対象となるため、派遣元事業主や使用人などの従業者は、正当な理由がなければ他に漏らすことはできません。

「正当な理由」とは、派遣先の同意がある場合や、他の法律によって守られるべき利益との均衡上、許される場合などをいいます。

また、「他に」とは、その秘密を知り得た事業所内の使用人やその他の従業員以外の者をいいます（派遣要領第4の6(5)）。

派遣元事業主などが秘密を守る義務に関する規定に違反した場合、許可取消し（派遣法第14条第1項）、事業停止命令（同条第2項）、改善命令（同法第49条第1項）の対象となります（派遣要領第11の7(3)ト）。

④ 受け入れる派遣労働者に関する事項

Q 29 派遣労働者を受け入れる際、派遣元事業主からはどのような通知がなされますか

A 　労働者派遣契約の適正な履行を確保するため、派遣労働者の氏名のほか、派遣労働者の派遣就業に関する就業条件や派遣契約に定めた就業条件の関係を明確にするなど、派遣先で適正に雇用管理をするために必要な情報が通知されます（派遣法第 35 条）。

派遣労働者の氏名、性別

　氏名、性別に加え、派遣労働者が 18 歳未満である場合は年齢を、45 歳以上または 60 歳以上である場合はその旨も併せて通知します。

　派遣先では、派遣労働者の属性に応じて、次の事項などに留意する必要があります。

1. 女性である場合
   ・坑内業務の就業制限（労働基準法第 64 条の 2）
   ・危険有害業務の就業制限（労働基準法第 64 条の 3）　など
2. 18 歳未満（年少者）である場合
   ・変形労働時間制（フレックスタイム、1 年単位、1 か月単位、1 週間単位）の適用除外（労働基準法第 60 条第 1 項）
   ・労使協定による時間外・休日労働の適用除外（労働基準法第 60 条第 1 項）
   ・労働時間・休憩特例の適用除外（労働基準法第 60 条第 1 項）
   ・午後 10 時から午前 5 時までの深夜業禁止（例外あり）（労働基

準法第 61 条)

・危険有害業務の就業制限（労働基準法第 62 条）、坑内労働の禁止（労働基準法第 63 条）　など

3. 45 歳以上（中高年齢者）である場合

　高年齢者等雇用安定法では、45 歳以上を「中高年齢者」と定義しています。

　労働災害は中高年の労働者に発生の危険が高いため、労働安全衛生法では、中高年齢者の心身の条件に応じて適正な配置を行うように努めなければならない、と事業者による配慮が求められています（労働安全衛生法第 62 条）。

4. 60 歳以上である場合

　労働者派遣法では 60 歳以上を「雇用の機会の確保が特に困難で、その雇用の継続等を図る必要がある者」と位置付けています。そのため、「個人単位の派遣期間制限（3 年間)」などが対象外とされています。

派遣労働者の年齢に関する通知

年齢	通知事項	根拠法令	留意事項
18 歳未満	年齢	派遣則 第 28 条一	年少者の規制 （労働基準法）
45 歳以上	その旨	派遣則 第 28 条一	中高年齢者への配慮 （労働安全衛生法）
60 歳以上	その旨	派遣法 第 35 条①四	雇用機会の確保 （労働者派遣法）

派遣労働者が無期雇用であるのか有期雇用であるのかの別

　派遣元事業主で無期雇用されている派遣労働者は、安定した雇用の下にあることから「個人単位の派遣期間制限（3年間）」の対象外となり、同一の組織単位で3年を超えて働くことができます（Q12参照）。

　また、派遣先は、直接雇用の依頼があった特定有期雇用派遣労働者に対しては、その派遣先における労働者などの募集情報を提供しなければならないのですが、無期雇用の派遣労働者はその対象にはなりません。

派遣労働者に係る社会保険（健康保険、厚生年金保険）や雇用保険の被保険者資格取得届の提出の有無

　届出書の提出が「無」の場合、書類が提出されていない具体的な理由が派遣元事業主から通知されます（派遣則第27条の2第2項）。

　具体的な理由とは、健康保険、厚生年金保険、雇用保険の適用基準を満たしていない場合は、単に「適用基準を満たしていないため」「被保険者に該当しないため」などの記載だけでは足りません。「1週間の所定労働時間が15時間であるため」など適用基準を満たしていないことが具体的にわかる理由の通知を求めてください。

　また、被保険者資格の取得届の手続中である場合、単に「手続中であるため」などと記載するだけでは足らず、「現在、必要書類の準備中であり、〇月〇日に届出予定」など、手続の具体的な状況の記載を求めてください（派遣要領第6の15(3)⑤）。

その他通知事項

　その他、派遣元事業主からは「協定対象派遣労働者であるか否かの別」や「派遣労働者の派遣就業の就業条件の内容が労働者派遣に係る労働者派遣契約の就業条件の内容と異なる場合には、その派遣労働者の就業条件の内容」も派遣先への通知事項となっています。

派遣元事業主からの通知サンプル

1．労働者派遣契約に基づき次の者を派遣します。

（例A）

○○○○　女　45 歳以上 60 歳未満

××××　男　60 歳以上

（例B）

○○○○　女

　a　18 歳未満（　歳）ⓑ 45 歳以上 60 歳未満　c　60 歳以上

　d　aからcまでのいずれにも該当せず

××××　男

　a　18 歳未満（　歳）　b　45 歳以上 60 歳未満　ⓒ 60 歳以上

　d　aからcまでのいずれにも該当せず

2．社会保険・雇用保険の被保険者資格取得届の提出の有無は次のとおりです。

	健康保険	厚生年金保険	雇用保険
○○○○	有	有	有
××××	無：加入手続中	無：加入手続中	無：加入手続中
	理由：現在、必要書類の準備中であり、 　　　○月○日には届出予定		

3．派遣労働者の雇用期間は次のとおりです。

○○○○	無期雇用
××××	有期雇用（6 か月契約）

4．派遣労働者の協定対象派遣労働者であるか否かの別（待遇決定方式）は次のとおりです。

○○○○	協定対象派遣労働者（労使協定方式）
××××	協定対象派遣労働者（労使協定方式）

【出典】厚生労働省「許可・更新等手続マニュアル」

Q30 当社を退職した元社員を派遣労働者として受け入れることができますか

60歳以上の定年退職者を除き、退職してから1年以内は派遣労働者として受け入れることができません。

元社員を派遣先が受け入れられない理由

労働者派遣事業は、常用雇用の代替防止を前提として制度化されています。したがって、ある会社を退職した元社員を同じ会社で派遣労働者として受け入れて業務に従事させることは、法律の趣旨から適当ではありません。

そのため、派遣先を退職した後、1年を経過していない元社員を派遣労働者として派遣先で受け入れることは禁止されています（派遣法第40条の9）。

ただし、60歳以上で定年により退職した社員は、雇用の機会の確保が困難で雇用の継続を図る必要があることから「常用雇用の代替防止」には該当しないため、例外として1年を経過する前であっても派遣先で受け入れることができます（派遣則第33条の10第1項）。

なお、「退職した元社員」とは正社員に限定されるものではなく、非正規の社員も含まれます（派遣要領第6の18(3)ハ）。

退職をした労働者の派遣受入禁止期間

原則	退職後1年以内は受入禁止
例外	60歳以上の定年退職者は受入可能 （雇用機会の確保が困難で、継続雇用を図る必要があるため）

「派遣先」の考え方

　「派遣先」とは、事業者の単位で捉えます。

　例えば、ある会社のA事業所を退職した元社員を同じ会社のB事業所へ派遣することは、退職後1年を経過していなければ認められません。

　なお、グループ企業への派遣に関しては、同一の事業者には該当しないため、退職した労働者についての労働者派遣の禁止対象になるものではありません（派遣要領第6の18(3)ロ）。

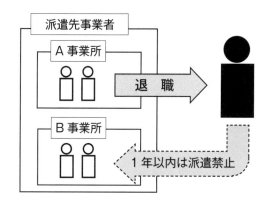

派遣元事業主への通知

　派遣先は、労働者派遣の開始に当たり派遣元事業主から派遣労働者の氏名などの通知を受けた際、その労働者が元社員で法律に抵触することが判明したときは、速やかに、書面の交付、ファックスの送信、電子メールの送信などにより派遣元事業主へ通知しなければなりません（派遣法第40条の9第2項、派遣則第33条の10第2項）。

　なお、違法に元社員を派遣労働者として受け入れていた場合、派遣先は厚生労働大臣による勧告、公表の対象となります（派遣法第49条の2）。

Q31 派遣労働者を特定することを目的とする行為の禁止とはどのようなことですか

 紹介予定派遣の場合を除き、労働者派遣契約の締結の際に、派遣先は、派遣労働者を特定することを目的とする行為をしないよう努めなければならないとされています（派遣法第 26 条第 6 項）。

「派遣労働者を特定することを目的とする行為」とは

派遣労働者を特定することを目的とする行為とは、労働者の履歴書をあらかじめ派遣先へ送付させること、労働者派遣に先立って派遣先が面接をすること、派遣労働者を若年者に限るとすることなどが該当します。

なお、派遣労働者や派遣労働者になろうとする人が、「自らの判断」で派遣就業開始前の事業所を訪問したり履歴書を送付することや、あるいは、派遣就業期間中に履歴書を送付することは、派遣先が派遣労働者を特定することを目的とする行為にはなりません（派遣先指針第 2 の 3）。

また、業務に必要な技術や技能の水準を指定するために、取得資格などの技術・技能レベルと、その技術・技能に係る経験年数などを記載するスキルシートを送付することも違反行為とはなりません（派遣要領第 7 の 16(2)ハ）。

法律と指針の温度差

「派遣労働者を特定することを目的とする行為」について、派遣法では「努めなければならない」とする「努力義務」とされています（派遣法第 26 条第 6 項）。

一方、行政解釈であるはずの「派遣先が講ずべき措置に関する指針」
では、「派遣労働者を特定することを目的とする行為の禁止」と、法
律以上の制約を設けています（派遣先指針第2の3）。

　一般的な労働者派遣の制度とは別に「紹介予定派遣」（Q32 参照）
という制度が設けられていること、紹介予定派遣は、派遣元事業主が
職業紹介事業の許可も併せて取得していなければならないなど、追加
的な制限があることから、実務上、特定目的行為は「努力義務」より
「禁止」に近いと考える方がよいでしょう。

　派遣労働者は、その人の持つ技術・技能レベルが最大の特定要素に
なるので、派遣先が必要とする派遣労働者のスキルを、あらかじめ派
遣元事業主へ詳細に伝えておくことが必要になります。

派遣労働者への調査結果

　厚生労働省が令和元年度に実施した「労働者派遣法施行状況調査」
によれば、令和元年以降に派遣労働の経験（日雇派遣を含む）がある
者（1,546 人）に調査（複数回答あり）をしたところ、次のように多
くの派遣労働者が「特定目的行為の経験あり」と回答しています。

派遣先から「若年者に限る」などの指定があったと派遣会社に聞いた	5.6%
派遣会社または派遣先から指示を受けて、事前に派遣先との面接を受けた	17.0%
派遣会社または派遣先から、派遣先に履歴書や職務経歴書を送るように言われた	6.1%
派遣先が特にあなたを指名したと派遣会社から聞いた	5.2%
特になかった	74.0%

【出典】厚生労働省 HP 労働政策審議会資料

Q 32 紹介予定派遣とはどのような制度ですか

 紹介予定派遣とは、労働者派遣のうち、派遣元事業主が労働者派遣の開始前または開始後に、派遣労働者と派遣先に対して、職業紹介（派遣労働者と派遣先の間の雇用関係の成立のあっせん）を行い、または行うことを予定してするものです（派遣法第2条第4号）。

紹介予定派遣ができる事業主

紹介予定派遣を行うことができるのは、労働者派遣事業の許可だけでなく、職業紹介事業の許可も併せて取得している事業主です。派遣労働者と派遣先の間の雇用関係についてあっせん（職業紹介）を行い、または行うことを予定しているからです。

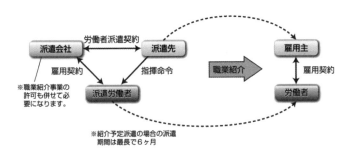

【出典】厚生労働省リーフレット「派遣先の皆様へ」

なお、許可を受けている職業紹介事業者は、労働者派遣事業者と同様に「人材サービス総合サイト」(Q9 参照)で検索することができます。

紹介予定派遣のメリット

紹介予定派遣の制度は、円滑かつ的確な労働力需給の結合を図るための手段として設けられたものです。紹介予定派遣であれば、派遣先・派遣労働者の双方にとって派遣期間中にお互いの見極めができ、安定的な直接雇用につながりやすいというメリットがあります。

なお、見極めの期間が長くなり過ぎないように、紹介予定派遣では、派遣先が6か月を超えて同一の派遣労働者を受け入れることはできません（派遣要領第6の25(1)）。

職業紹介を希望しない場合の理由の明示

紹介予定派遣を行った派遣先が職業紹介を受けることを希望しなかった場合や、職業紹介を受けた派遣労働者を雇用しなかった場合、派遣先は、派遣元事業主の求めに応じて、その理由を派遣元事業主に対して書面、FAXや電子メールなどで明示しなければなりません。

なぜなら、派遣労働者が求めた場合、派遣元事業主は、派遣先から明示された理由を、派遣労働者に対し書面（派遣労働者が希望した場合は、FAXまたは電子メールなども可）で明示しなければならないからです（派遣要領第6の25(2)）。

派遣労働者の特定

通常の労働者派遣において、派遣先が労働者派遣契約の締結する際に、派遣労働者を特定する行為をしないように努めなければならないとされています。

しかし、紹介予定派遣の場合は、円滑な直接雇用を図るという目的があるため、例外としてこの規定の適用はありません（派遣法第26条第6項）。

具体的には次のようなことを行うことができます。

・派遣就業開始前または派遣就業期間中の求人条件の明示
・派遣期間中の求人・求職の意思の確認や採用内定

・派遣先が派遣労働者を特定することを目的とする行為（派遣就業開始前の面接、履歴書の送付など）

派遣先管理台帳の作成

　紹介予定派遣であっても派遣先管理台帳の作成は必要です。

　紹介予定派遣の場合、労働者派遣契約や派遣先管理台帳に紹介予定派遣に関する事項を記載してください。

　なお、派遣元事業主は、派遣労働者に対しても、雇入れ時などに、紹介予定派遣における派遣労働者である旨などを明示するとともに、就業条件明示書に必要事項を記載しなければなりません。派遣先においては、派遣労働者が紹介予定派遣であることを理解しているか、派遣元事業主から必要事項が記載された就業条件明示書を受け取っているかの確認をしてください。

派遣就業期間中に派遣先が行った採用内定を取り消すとき

　紹介予定派遣における採用内定を取り消す場合は、紹介予定派遣によらない通常の採用内定の取扱いと同様と考えられます。

　すなわち、採用内定の取消しの取扱いについては、解約権の濫用に当たり無効となるケースも考えられるということです（派遣要領第7の18(7)③）。

雇入れ後の試用期間設定の可否

　紹介予定派遣により雇い入れた労働者については、既に労働者の適性の見極めができていることから、派遣先は試用期間を設けないよう、必要な指導を行うものとされています（派遣要領第7の18(7)①）。

Q33 紹介予定派遣で派遣労働者を特定するに当たり、どのような点に注意をしなければならないのですか

A 　通常の労働者派遣とは異なり、紹介予定派遣では、派遣先が派遣労働者を特定することができます。

　しかし、派遣先が派遣労働者を特定するために行う試験、面接、履歴書の受付などに当たっては、従業員を直接採用をする場合と同様のルールが適用され、年齢・性別・障害による差別を行ってはなりません。

派遣労働者の特定における差別の禁止

労働施策総合推進法	年齢による差別的取扱いの禁止
男女雇用機会均等法	性別による差別の禁止
障害者雇用促進法	障害者への差別の禁止

年齢による差別的取扱いの禁止

　通常の労働者派遣では、派遣先が派遣元事業主と労働者派遣契約を締結するに当たり、派遣労働者の年齢を指定することは原則としてできません（派遣要領第7の17(3)）。

　紹介予定派遣で派遣労働者を特定する場合も同様で、従業員を直接採用する場合と同じルールが適用され、例外的に次のようなケースに限り年齢制限が認められています（労働施策総合推進則第1条の3第1項）。

・定年年齢を上限として、その上限年齢未満の労働者について無期雇用として募集・採用をする場合
・労働基準法などの法令の規定により年齢制限が設けられている場

合

・新卒者を無期雇用で募集・採用をする場合
・技能・ノウハウの継承の観点から、特定の職種において労働者数が相当程度少ない特定の年齢層に限定し、かつ、無期雇用として募集・採用する場合
・芸術・芸能の分野における表現の真実性などの要請がある場合
・60歳以上の高年齢者や、特定の年齢層の雇用を促進する国の施策（例：就職氷河期世代の雇用支援）の対象となる者に限定して募集・採用する場合

　なお、紹介予定派遣に関して派遣労働者を特定するに当たり、職務を遂行するために必要な適性、能力、経験、技能の程度など、派遣労働者が紹介予定派遣を希望するに当たり求められる事項をできる限り明示しなければなりません（派遣先指針第2の18(3)①イ、労働施策総合推進則第1条の3第2項）。

性別による差別の禁止

　通常の労働者派遣では、派遣先が派遣元事業主と労働者派遣契約を締結するに当たり、派遣労働者の性別を指定することはできません（派遣要領第7の17(1)）。
　紹介予定派遣で派遣労働者を特定するときも同様で、派遣先は、例えば次のような行為を行うことはできません。
・対象から男女のいずれかを排除すること
・条件を男女で異なるものとすること
・特定の選考過程で、能力や資質の有無などを判断する場合に、その方法や基準について男女で異なる取扱いをすること
・男女のいずれかを優先すること
・派遣就業や雇用の際に予定される求人内容の情報を提供する場合について、男女で異なる取扱いをしたり、派遣元事業主にその旨を要請すること

なお、男女雇用機会均等法第8条に定める女性労働者に係る特例（いわゆる「ポジティブ・アクション」）については、従業員を直接採用するときと同様に、紹介予定派遣の際に派遣労働者を特定する場合であっても行うことができます（派遣先指針第2の18(4)③)。

障害者への差別の禁止

　通常の労働者派遣であっても、従業員を直接採用をする場合と同様に障害者であることを理由として、障害者を排除し、あるいは障害者に対してだけ労働条件を不利にするなど、差別的な取扱いは禁止されています（派遣要領第7の17(2)）。

　紹介予定派遣で派遣労働者を特定するときも同様で、派遣先は、例えば次のような行為を行うことはできません。

・障害者であることを理由として、障害者をその対象から排除すること
・障害者に対してのみ不利な条件を付すこと
・障害者でない者を優先すること
・派遣就業や雇用の際に予定される求人内容の情報を提供する場合について、障害者であることを理由として障害者でない者と異なる取扱いをしたり、派遣元事業主にその旨の要請をすること

Q 34 外国人を派遣労働者として受け入れることになりましたが、どのようなことに留意したらよいのでしょうか

労働法における考え方の大原則として、国籍や信条などによる差別的取扱いは許されません。

ただし、外国人の場合は在留資格（就労ビザ）の種類により日本国内で従事できる仕事や期間、あるいは就労可能な時間数が限定される場合もあるので、派遣先における指揮命令により不法就労となってしまわないように留意する必要があります。

国籍や信条などによる差別的取扱いの禁止

労働基準法第3条（均等待遇）には、「使用者は、労働者の国籍、信条又は社会的身分を理由として、賃金、労働時間その他の労働条件について、差別的取扱をしてはならない。」と定められています。

この規定は派遣先にも適用されており（派遣法第44条第1項）、違反した場合は「6か月以下の懲役または30万円以下の罰金に処する」とされています（労働基準法第119条第1号）。

また、派遣先は、「派遣労働者の国籍、信条、性別、社会的身分、派遣労働者が労働組合の正当な行為をしたこと等を理由として、労働者派遣契約を解除してはならない」（派遣法第27条）とされています。

外国人を雇用する際の在留資格確認

日本に在留する外国人は、与えられた在留資格の範囲内で、定められた在留期間に限り就労や居住が認められています。

したがって、外国人を採用する場合、就労させようとする仕事の内容が在留資格で認められた範囲内であるか、在留期限を過ぎていない

かを確認する必要があります。

　派遣労働者が外国人である場合、在留資格の確認義務は雇用関係にある派遣元事業主にありますが、万が一、受け入れた派遣労働者が不法就労であった場合、本人や派遣元事業主はもちろんですが、指揮命令関係にある派遣先も不法就労助長罪に問われて処罰対象となる可能性があります。

　入管法は他の法律と比べて非常に厳格に取り扱われているので、派遣元事業主だけに任せるのではなく、派遣先でもきちんとした管理が必要になります。

不法就労助長罪とは

　不法就労助長罪とは、

1.　事業活動に関し、外国人を雇用するなどして不法就労活動をさせる行為
2.　外国人に不法就労活動をさせるためにこれを自己の支配下に置く行為
3.　業として、外国人に不法就労活動をさせる行為、または2の行為に関しあっせんする行為

をいいます。これに該当した場合、「3年以下の懲役または300万円以下の罰金」（併科あり）と非常に重い罰則が定められています（入管法第73条の2第1項）。

　また、その外国人が不法就労者であることを仮に知らなかったとしても、在留カードを確認していないなどの過失があれば処罰を免れることはできません（入管法第73条の2第2項）。

　なお、不法就労とは、
- ・日本に不法に入国・上陸したり、許可された在留期間を超えて不法に残留したりするなど、正規の在留資格を持たない外国人が行う収入を伴う活動
- ・正規の在留資格を持っている外国人でも、許可を受けずに、与え

られた在留資格以外の収入を伴う事業を運営する活動や報酬を受ける活動

のことをいいます。

具体的には、「与えられた在留資格に応じた活動ではない仕事に従事している」「資格外活動を受けていないにもかかわらずアルバイトに従事している」「不法入国・不法上陸・不法残留など、入管法に違反している」ことなどをいいます。

派遣先が確認すべきこと

労働者派遣制度の仕組みとして、派遣先は受け入れようとする外国人派遣労働者の在留資格を直接チェックすることはできません。したがって、「保持する在留資格の範囲内になるのはどのような業務か」「派遣の受入期間中に定められた在留期間が満了するのか」などは、個人情報保護法に抵触しない範囲内で派遣元事業主へ十分確認をしておく必要があります。

なお、在留資格の該当性（外国人が行う就労などが、本人が保持する在留資格で許可された活動に当てはまること）は「派遣先で従事する業務内容」になります。実際にどのような就労をするのかがポイントであり、「派遣元で従事する業務内容」ではありません。

Q 35　在留資格には具体的にどのような種類があるのですか

A　入管法で定められている在留資格は 29 種類にも及びます。「永住者」や「日本人の配偶者等」など「身分や地位に基づく在留資格」は単純労働も含めて就労の内容に制限はありませんが、その他の在留資格には何らかの就労制限があるので、不法就労となってしまわないように留意する必要があります。

就労の内容に制限のない在留資格

　いわゆる「身分や地位に基づく在留資格」は単純労働も含めて就労の内容に制限はありません。

　ただし、「永住者」以外は在留期間が無期限でないため、更新手続きを行わずに在留期間を超えてしまう（オーバーステイ）と不法滞在になる可能性は残ります。

　また、「日本人の配偶者等」「永住者の配偶者等」は離婚により在留資格を取得した前提が無くなる場合もあるので、一定の注意が必要となります。

　・永住者（在留期間：無期限）
　　法務大臣から永住の許可を受けた者
　・日本人の配偶者等（在留期間：5 年、3 年、1 年、6 月）
　　日本人の配偶者・特別養子、日本人の子として出生した者
　・永住者の配偶者等（在留期間：5 年、3 年、1 年、6 月）
　　永住者・特別永住者の配偶者、日本で出生し引き続き在留している子
　・定住者（在留期間：5 年以内の指定期間）
　　第三国定住難民、日系 3 世、外国人配偶者の実子など

それぞれ定められた範囲内で就労可能な在留資格の例

　就労系の在留資格は、それぞれ定められた範囲内での就労に限定されています。現に有している在留資格の活動のほかに収入を伴う活動を行おうとする場合、あらかじめ出入国在留管理庁から資格外活動の許可を受ける必要があります。

　なお、以下に記載した在留資格以外にも就労系の在留資格がありますので、詳細は出入国在留管理庁の HP を確認してください。

【在留資格一覧表】
https://www.moj.go.jp/isa/
applications/guide/qaq5.html

・技術・人文知識・国際業務（技人国（ぎじんこく））

　　　　　　　　　　（在留期間：5 年、3 年、1 年、3 月）
　機械工学などの技術者、通訳、デザイナー、私企業の語学教師、マーケティング業務従事者など、知識や経験を要する一定の専門的な業務（単純労働は不可）
・特定技能（在留期間：1 号は 1 年以内の指定期間）
　特定技能制度は、国内人材を確保することが困難な状況にある 12 の産業分野において、一定の専門性・技能を持つ外国人の受入れを目的とする制度です。12 分野のうち、労働者派遣が認められるのは「農業分野」と「漁業分野」だけです。
・技能実習
　技能実習制度は、国際貢献を目的として開発途上国などの外国人を一定期間（最長 5 年間）に限り受け入れ、OJT を通じて技能の移転を図る制度です。技能実習生にアルバイトなど他の就労は認められないので、派遣労働者になることはありません。

原則として就労ができない在留資格

　「留学」「家族滞在」は就労を目的とした在留資格ではないので、原則として就労をすることができません。ただし、あらかじめ出入国在留管理庁から資格外活動の許可を受けていれば、一定の制限内（1週について28時間以内（留学生が夏休みなど長期休業期間にあるときは1日8時間以内）など）で就労することができます。

　資格外活動の許可を受けている場合、在留カード裏面左下の「資格外活動許可欄」に、例えば「許可：原則28時間以内・風俗営業等の従事を除く」のように許可内容が記載されています。

　　・留学
　　　大学、短期大学、高等専門学校、高等学校、中学校、小学校などの学生・生徒
　　・家族滞在
　　　在留外国人が扶養する配偶者・子

就労ができない在留資格

　「短期滞在」や「文化活動」の在留資格では、就労をすることができません。

　「短期滞在」とは、日本に短期間滞在して観光、スポーツ、親族の訪問、会合への参加などをする目的の外国人に対して、最高90日間の在留が認められた資格です。観光客として来日した外国人がアルバイトなど就労をした場合は「不法就労」になるということです。

在留カードとは

　在留カードは、中長期在留者に対して、上陸許可や在留資格の変更許可、在留期間の更新などの在留に関する許可に伴って交付されるもので、常時携帯することが義務付けられています。

　在留カードには、氏名、生年月日、性別、国籍・地域、住居地、在留資格、在留期間、就労の可否など、出入国在留管理庁長官が把握す

る情報の重要部分が記載されており、記載事項に変更が生じた場合には変更の届出を義務付けていることから、常に最新の情報が反映されることになります。また、16 歳以上であれば顔写真が表示されます。

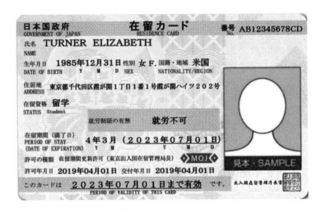

【出典】出入国在留管理庁 HP「在留カードとは？」

Q36 特別永住者を派遣労働者として受け入れることはできますか

 特別永住者に在留活動の制限はないため、日本人と同様に就労が可能です。

特別永住者とは

「特別永住者」とは、日本に戦前から居住することとなり、日本国との平和条約の発効により日本国籍を離脱し、戦後も引き続き日本に在留する人やその子孫のことです。

入管特例法（日本国との平和条約に基づき日本の国籍を離脱した者等の出入国管理に関する特例法）により、特別永住者として日本に永住することができると規定されています。

特別永住者には在留活動の制限がないため、派遣労働者であっても日本人と同様に就労が可能です。

特別永住者証明書とは

特別永住者証明書は、特別永住者の法的地位等を証明するものとして交付されるもので、氏名、生年月日、性別、国籍・地域、住居地、有効期間の満了日などの情報が記載されます。また、16歳以上であれば顔写真が表示されます。

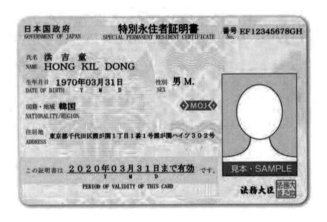

【出典】出入国在留管理庁 HP「特別永住者証明書とは？」

第4章

派遣元事業主と派遣先の
責任分担

Q 37 労働基準法に関する派遣元事業主と派遣先の責任分担はどのようになっていますか

　労働基準法は、労働条件の最低基準を定め、労働者の保護を図ることを目的とした法律であることから、労働者派遣においても原則として雇用関係のある派遣元事業主が責任を負います。

　しかし、労働者派遣の実態から、派遣元事業主には責任を問えない事項や、派遣労働者の保護を図るためには派遣先に責任を負わせることが適当である事項については、特例を設けることで派遣先にも責任を負わせることとしています。

労働基準法の適用に関する特例

　派遣労働者に対する労働基準法の適用として、原則は派遣元事業主の責任としつつ、労働者派遣法では、派遣先だけが責任を負う事項と派遣先が派遣元事業主とともに責任を負う事項を定めています（派遣法第44条）。

　特例により派遣先が責任を負う事項は、併せてその規定に関連する罰則も適用されます。

派遣先における就業規則の見直しは不要

　派遣先は、新たに派遣労働者を受け入れることになったときであっても、就業規則を見直す必要はありません。

　派遣労働者もいわゆる非正規労働者のひとつの形態になります。正社員のほかに、新たに有期雇用の労働者や短時間勤務労働者を雇用することになったときは、就業規則の見直しが必要となります。しかし、

派遣元事業主と雇用関係にある派遣労働者は、派遣元の就業規則に従うことになります。

有給休暇の管理

年次有給休暇に関する規定（労働基準法第39条）は派遣先に適用されません。派遣労働者が休暇を申請する先は雇用関係のある派遣元事業主となります。

したがって、派遣労働者が休暇を取ることにより派遣先の事業が正常に運営できない場合であっても、派遣先が年次有給休暇を取得する時季を変更することはできません。時季変更権は雇用している派遣元事業主にあるので、代替の労働者を派遣してもらうのか、派遣元事業主の事業において正常な運営を妨げるので時季変更権を行使するのかを派遣元事業主が判断することになります。

時間外や休日労働に関する36協定

派遣先は派遣労働者を雇用していないので、36協定を結ぶことができません。

派遣労働者を時間外や休日に労働をさせる必要があるときは、派遣元事業主において36協定を結び、労働基準監督署へ届出をします。派遣先はその内容を確認し、協定で定められた内容に従って派遣元事業主と労働者派遣契約を締結した上であれば、派遣労働者に時間外や休日に労働を命じることができます。

なお、36協定で定められた内容を超える時間外や休日労働があった場合は違法となるので、労働時間管理を行っている派遣先は労働基準法第36条違反として罰則の適用対象となります。

派遣先で変形労働時間制を適用することができるか

変形労働時間制のうち、1か月単位の変形労働時間制（労働基準法第32条の2第1項）、フレックスタイム制（労働基準法第32条の3

第1項）、1年単位の変形労働時間制（労働基準法第32条の4第1〜3項）は、派遣元事業主において適切な手続きを行い、派遣元事業主とその内容に沿った労働者派遣契約を締結した上であれば、派遣労働者にも適用することができます（昭和63.1.1基発第1号、婦発第1号）。

　なお、1週間単位の非定型的変形労働時間制（労働基準法第32条の5）については労働基準法の適用に関する特例に定められておらず、派遣労働者には適用されません。

派遣労働者における変形労働時間制の適用可否

適用 OK	適用 NG
1か月単位の変形労働時間制 フレックスタイム制 1年単位の変形労働時間制	1週間単位の 　　非定型的変形労働時間制

派遣先でみなし労働時間制を適用することができるか

　みなし労働時間制のうち、事業場外労働のみなし労働時間制（労働基準法第38条の2）、専門業務型裁量労働制（労働基準法第38条の3）は、派遣元事業主において適切な手続きを行うことにより派遣労働者にも適用することができます。しかし、企画業務型裁量労働制（労働基準法第38条の4）は、その業務の性質上、派遣労働者には適用されません。

　また、高度プロフェッショナル制度（労働基準法第41条の2）についても、同様の理由により派遣労働者には適用されません（派遣要領第8の1(3)イ）。

派遣労働者におけるみなし労働時間制等の適用可否

適用 OK	適用 NG
事業場外労働のみなし労働時間制 専門業務型裁量労働制	企画業務型裁量労働制 高度プロフェッショナル制度

派遣先に適用される労働基準法の責任

労働基準法	内　　　　容		派遣先	派遣元	罰　　　　則
第　3　条	均　　等　　待　　遇		○	○	6 か 月 以 下 の 懲 役 30 万 円 以 下 の 罰 金
第　5　条	強　制　労　働　の　禁　止		○	○	1 年 以 上 10 年 以 下 の 懲 役 20万円以上300万円以下の罰金
第　69　条	徒　弟　の　弊　害　排　除		○	○	
第　7　条	公　民　権　行　使　の　保　障		○	－	6 か 月 以 下 の 懲 役 30 万 円 以 下 の 罰 金
第　32　条	労　　働　　時　　間		○	－	6 か 月 以 下 の 懲 役 30 万 円 以 下 の 罰 金
第32条の2①	1 か 月 単 位 の 変 形 労 働 時 間 制		○	－	
第32条の3①	フ レ ッ ク ス タ イ ム 制		○	－	
第32条の4 ①〜③	1 年 単 位 の 変 形 労 働 時 間 制		○	－	
第　33　条	災害等による臨時の必要がある場合の 時　間　外　労　働　等		○	－	30 万 円 以 下 の 罰 金
第　34　条	休　　　　　　　憩		○	－	6 か 月 以 下 の 懲 役 30 万 円 以 下 の 罰 金
第　35　条	休　　　　　　　日		○	－	6 か 月 以 下 の 懲 役 30 万 円 以 下 の 罰 金
第 36 条 ① ⑥	時 間 外 及 び 休 日 の 労 働		○	－	6 か 月 以 下 の 懲 役 30 万 円 以 下 の 罰 金
第　40　条	労 働 時 間 及 び 休 憩 の 特 例		○	－	6 か 月 以 下 の 懲 役 30 万 円 以 下 の 罰 金
第　41　条	労働時間等に関する規定の適用除外		○	－	
第　60　条	年少者	労 働 時 間 及 び 休 日	○	－	
第　61　条		深　　夜　　業	○	－	6 か 月 以 下 の 懲 役 30 万 円 以 下 の 罰 金
第　62　条		危 険 有 害 業 務 の 就 業 制 限	○	－	6 か 月 以 下 の 懲 役 30 万 円 以 下 の 罰 金
第　63　条		坑 内 労 働 の 禁 止	○	－	1 年 以 下 の 懲 役 50 万 円 以 下 の 罰 金
第 64 条 の 2	妊産婦等	坑 内 業 務 の 就 業 制 限	○	－	1 年 以 下 の 懲 役 50 万 円 以 下 の 罰 金
第 64 条 の 3		危 険 有 害 業 務 の 就 業 制 限	○	－	6 か 月 以 下 の 懲 役 30 万 円 以 下 の 罰 金
第　66　条		時間外労働、休日労働、深夜業の 制　　　　　　　限	○	－	6 か 月 以 下 の 懲 役 30 万 円 以 下 の 罰 金
第　67　条		育　児　時　間	○	－	6 か 月 以 下 の 懲 役 30 万 円 以 下 の 罰 金
第　68　条		生 理 日 の 就 業 困 難 対 応 措 置	○	－	30 万 円 以 下 の 罰 金

読み替え後の労働基準法

労働者派遣法第44条第2項で読み替え後の労働基準法

● 1箇月単位の変形労働時間制

第32条の2　使用者は、派遣元の使用者が、当該派遣元の事業の事業場に、労働者の過半数で組織する労働組合がある場合においてはその労働組合、労働者の過半数で組織する労働組合がない場合においては労働者の過半数を代表する者との書面による協定により、又は就業規則その他これに準ずるものにより、1箇月以内の一定の期間を平均し1週間当たりの労働時間が前条第1項の労働時間を超えない定めをしたときは、同条の規定にかかわらず、その定めにより、特定された週において同項の労働時間又は特定された日において同条第2項の労働時間を超えて、労働させることができる。

2　略

● フレックスタイム制

第32条の3　使用者は、派遣元の使用者が就業規則その他これに準ずるものによりその労働者に係る始業及び終業の時刻をその労働者の決定に委ねることとした労働者であつて、当該労働者に係る労働者派遣法第26条第1項に規定する労働者派遣契約に基づきこの条の規定による労働時間により労働させることができるものについては、派遣元の使用者が、当該派遣元の事業の事業場の労働者の過半数で組織する労働組合がある場合においてはその労働組合、労働者の過半数で組織する労働組合がない場合においては労働者の過半数を代表する者との書面による協定により、次に掲げる事項を定めたときは、その協定で第2号の清算期間として定められた期間を平均し1週間当たりの労働時間が第32条第1項の労働時間を超えない範囲内において、同条の規定にかかわら

ず、1週間において同項の労働時間又は1日において同条第2項の労働時間を超えて、労働させることができる。

　一〜四　略

2〜4　略

● 1年単位の変形労働時間制

第32条の4　使用者は、派遣元の使用者が、当該派遣元の事業の事業場に、労働者の過半数で組織する労働組合がある場合においてはその労働組合、労働者の過半数で組織する労働組合がない場合においては労働者の過半数を代表する者との書面による協定により、次に掲げる事項を定めたときは、第32条の規定にかかわらず、その協定で第2号の対象期間として定められた期間を平均し1週間当たりの労働時間が40時間を超えない範囲内において、当該協定（次項の規定による定めをした場合においては、その定めを含む。）で定めるところにより、特定された週において同条第1項の労働時間又は特定された日において同条第2項の労働時間を超えて、労働させることができる。

　一〜五　略

2　使用者は、前項の協定で同項第4号の区分をし当該区分による各期間のうち最初の期間を除く各期間における労働日数及び総労働時間を定めたときは、当該各期間の初日の少なくとも30日前に、派遣元の使用者が、当該派遣元の事業の事業場に、労働者の過半数で組織する労働組合がある場合においてはその労働組合、労働者の過半数で組織する労働組合がない場合においては労働者の過半数を代表する者の同意を得て、厚生労働省令で定めるところにより、当該労働日数を超えない範囲内において当該各期間における労働日及び当該総労働時間を超えない範囲内において当該各期間における労働日ごとの労働時間を定めなければならない。

3〜4　略

●時間外及び休日の労働

第36条　使用者は、<u>派遣元の使用者が、当該派遣元の事業の事業場に</u>、労働者の過半数で組織する労働組合がある場合においてはその労働組合、労働者の過半数で組織する労働組合がない場合においては労働者の過半数を代表する者との書面による協定をし、<u>及び</u>厚生労働省令で定めるところによりこれを行政官庁に届け出た場合においては、労働時間又は休日に関する規定にかかわらず、その協定で定めるところによつて労働時間を延長し、又は休日に労働させることができる。

2～11　略

労働者派遣法第44条第5項で読み替え後の労働基準法

●事業場外労働のみなし労働時間制

第38条の2　労働者が労働時間の全部又は一部について事業場外で業務に従事した場合において、労働時間を算定し難いときは、所定労働時間労働したものとみなす。ただし、当該業務を遂行するためには通常所定労働時間を超えて労働することが必要となる場合においては、当該業務に関しては、厚生労働省令で定めるところにより、当該業務の遂行に通常必要とされる時間労働したものとみなす。

2　前項ただし書の場合において、当該業務に関し、当該事業場<u>（派遣就業にあつては、派遣元の事業の事業場）</u>に、労働者の過半数で組織する労働組合があるときはその労働組合、労働者の過半数で組織する労働組合がないときは労働者の過半数を代表する者との書面による協定があるときは、その協定で定める時間を同項ただし書の当該業務の遂行に通常必要とされる時間とする。

3　略

● 専門業務型裁量労働制
第 38 条の 3　使用者が、当該事業場に、労働者の過半数で組織す
　る労働組合があるときはその労働組合、労働者の過半数で組織す
　る労働組合がないときは労働者の過半数を代表する者との書面に
　よる協定により、次に掲げる事項を定めた場合において、労働者
　を第 1 号に掲げる業務に就かせたとき（派遣先の使用者が就かせ
　たときを含む。）は、当該労働者は、厚生労働省令で定めるとこ
　ろにより、第 2 号に掲げる時間労働したものとみなす。
　一～六　略
2　略

Q 38 労働安全衛生法に関する派遣元事業主と派遣先の責任分担はどのようになっていますか

A 労働安全衛生法は、労働者の安全確保を目的とした法律であることから、労働者派遣においては原則として指揮命令関係のある派遣先が責任を負います。

なお、一般健康診断や雇入れ時の安全衛生教育は、雇用関係に基づく要素が強いため、派遣元事業主が実施義務を負っています。

健康診断の実施責任

一般の健康診断は、雇用関係のある派遣元事業主に実施が義務付けられています。医師による保健指導や面接指導も同様に派遣元事業主に実施が義務付けられています。

一方、特殊健康診断は、派遣先において有害な業務に従事することにより受診義務が生じることから、原則として派遣先において実施が義務付けられています。

しかし、ある派遣先で一定の有害業務に従事した後に派遣期間が満了し、現在は派遣元事業主において、または別の派遣先に派遣されて有害業務以外の業務に従事している労働者に対する特殊健康診断（有害業務従事後の健康診断）は、派遣元事業主に実施が義務付けられています。

なお、ある派遣先で一定の有害業務に従事した後、引き続き同じ派遣先で有害業務以外の業務に従事している労働者に対する特殊健康診断（有害業務従事後の健康診断）の実施義務は派遣先にあります。その派遣労働者を継続して受け入れていることから、原則の義務者がアフターフォローを行うということです。

派遣先は、派遣中の労働者に対して健康診断を行ったとき、または派遣中の労働者から健康診断の結果を証明する書面の提出があったときは、これらの健康診断の結果を記載した書面を遅滞なく作成し、派遣元事業主に送付しなければなりません（派遣法第45条第10項）。

　この規定に違反すると、30万円以下の罰金に処せられることがあります（派遣法第45条第12項）。

　また、派遣先は、労働安全衛生法第66条の4（健康診断の結果についての医師等からの意見聴取）の規定により、医師等の意見を聴いたときは、遅滞なく派遣元の事業者に通知しなければなりません（派遣法第45条第14項）。

派遣先に適用される健康診断などの実施責任

労働安全衛生法	内　容	派遣先	派遣元	罰　則
第 66 条 ①	一　般　健　康　診　断	―	〇	50 万 円 以 下 の 罰 金
第66条②～⑤	特　殊　健　康　診　断	〇	―	50 万 円 以 下 の 罰 金
第 66 条 の 3	健 康 診 断 の 結 果 の 記 録	〇	〇	50 万 円 以 下 の 罰 金
第 66 条 の 4	健 康 診 断 の 結 果 に つ い て の 医 師 等 か ら の 意 見 聴 取	〇	〇	
第 66 条 の 5 ①	健 康 診 断 実 施 後 の 措 置			
第 66 条 の 6	健 康 診 断 の 結 果 の 通 知	―	〇	50 万 円 以 下 の 罰 金
第 66 条 の 7	保　健　指　導　等	―	〇	
第 66 条 の 8	面　接　指　導　等	―	〇	
第66条の8の3	面 接 指 導 に 係 る 労 働 時 間 の 把 握	〇	―	

安全衛生管理体制における労働者数

　労働災害を防止するためには、事業場における安全衛生を確保するための管理体制を確立することが必要となります。

　安全衛生管理体制は、常時使用する労働者数によって選任する管理者が変わりますが、派遣先において選任規模を算定する際は、受け入れている派遣労働者の数を含めて常時使用労働者数を算定することに

なります。

　また、安全委員会や衛生委員会の設置規模についても同じ考え方になります。

安全衛生管理体制

労働安全衛生法	内　　　　　容	派遣先	派遣元	罰　　　　　則
第 10 条	総 括 安 全 衛 生 管 理 者	○	○	50 万 円 以 下 の 罰 金
第 11 条	安 　 全 　 管 　 理 　 者	○	－	50 万 円 以 下 の 罰 金
第 12 条	衛 　 生 　 管 　 理 　 者	○	○	50 万 円 以 下 の 罰 金
第 12 条 の 2	安 全 衛 生 推 進 者 等	○	○	
第 13 条 第 13 条 の 2 第 13 条 の 3	産 　 業 　 医 　 等	○	○	50 万 円 以 下 の 罰 金
第 14 条	作 　 業 　 主 　 任 　 者	○	－	6 か 月 以 下 の 懲 役 50 万 円 以 下 の 罰 金
第 15 条	統 括 安 全 衛 生 責 任 者	○	－	50 万 円 以 下 の 罰 金
第 15 条 の 2	元 方 安 全 衛 生 管 理 者	○	－	50 万 円 以 下 の 罰 金
第 15 条 の 3	店 社 安 全 衛 生 管 理 者	○	－	
第 16 条 ①	安 全 衛 生 責 任 者	○	－	50 万 円 以 下 の 罰 金
第 17 条	安 　 全 　 委 　 員 　 会	○	－	50 万 円 以 下 の 罰 金
第 18 条	衛 　 生 　 委 　 員 　 会	○	○	50 万 円 以 下 の 罰 金
第 19 条	安 全 衛 生 委 員 会	○	－	
第 19 条 の 2	衛 生 管 理 者 等 に 対 す る 教 育 等	○	○	

安全衛生教育の実施

　雇入れ時の教育は、労働者を雇い入れる事業者である派遣元事業主が行います。

　また、作業内容変更時の教育についても、原則として、労働契約関係の当事者である派遣元事業主が行うべきものです。しかし、例えば、使用する機器を変更するなど作業内容の変更が派遣先で行われる場合

など、派遣先に実施を義務付ける方が適当な場合もあるため、派遣元事業主、派遣先の双方に実施義務が課せられています。

　なお、特別教育や職長教育は、現場の設備状況などに合わせて行う必要があるため、派遣先が行うことになります。

派遣先に適用される安全衛生教育の実施責任

労働安全衛生法	内　　　　容	派遣先	派遣元	罰　　　　則
第 59 条 ①	雇 入 れ 時 の 安 全 衛 生 教 育	－	○	50 万 円 以 下 の 罰 金
第 59 条 ②	作業内容変更時の安全衛生教育	○	○	50 万 円 以 下 の 罰 金
第 59 条 ③	危 険 有 害 業 務 就 業 時 の 特 別 教 育	○	－	6 か 月 以 下 の 懲 役 50 万 円 以 下 の 罰 金
第　　60　　条	職　　長　　教　　育	○	－	
第 60 条 の 2	危険有害業務従事者に対する教育	○	○	

外国人労働者に対する安全衛生教育

　外国人の派遣労働者に対して安全衛生教育を実施するに当たっては、外国人労働者がその内容を理解できるように、母国語を用いた教育としたり、視聴覚教材を用いるなどにより行わなければなりません。

　特に、外国人労働者に使用させる機械や原材料の危険性・有害性や、これらの取扱方法が確実に理解されるように工夫をしなければなりません。

　また、労働災害を防止するための指示などを外国人労働者が理解することができるようにするため、必要な日本語や基本的な合図などを習得させるよう常日頃から現場での措置を講じなければなりません。

　例えば、事業場内における労働災害防止に関する標識や掲示について、日本語だけではなく図表を用いるなど、外国人労働者がその内容を理解できるよう工夫をしなければなりません。

　なお、厚生労働省のHP（外国人労働者の安全衛生対策について）では、各種言語を用いた映像教材やテキスト教材が提供されているので、外国人労働者の安全衛生対策に活用してください。

Q39 ハラスメントに対する苦情処理体制などに関する派遣元事業主と派遣先の責任分担はどのようになっていますか

A 男女雇用機会均等法、育児・介護休業法、労働施策総合推進法には、ハラスメントに対して雇用管理上講ずべき措置や事業主の責務、また、出産、育児、介護に関する不利益取扱いの禁止などが定められています。

派遣労働者に対する雇用管理上講ずべき措置や事業主の責務、一部の不利益取扱いの禁止については、派遣元事業主だけではなく派遣先にも責任が及ぶとされています（派遣法第47条の2、第47条の3、第47条の4）。

職場におけるセクシュアルハラスメント

男女雇用機会均等法では、職場におけるセクシュアルハラスメントについて、事業主に防止措置を講じることを義務付けています。

職場におけるセクシュアルハラスメントとは、「職場」において行われる、「労働者」の意に反する「性的な言動」に対する労働者の対応によりその労働者が労働条件について不利益を受けたり、「性的な言動」により就業環境が害されることです。

職場における妊娠・出産・育児休業・介護休業などに関するハラスメント（マタニティハラスメント、パタニティハラスメント、ケアハラスメント）

男女雇用機会均等法や育児・介護休業法では、職場における妊娠・出産・育児休業・介護休業などに関するハラスメントについて、事業主に防止措置を講じることを義務付けています。

職場における妊娠・出産・育児休業・介護休業などに関するハラスメントとは、「職場」において行われる上司・同僚からの言動（妊娠・出産したこと、育児休業・介護休業など制度の利用に関する言動）により、妊娠・出産した「女性労働者」や、育児休業・介護休業などを申し出・取得をした「男女労働者」の就業環境が害されることです。

　妊娠の状態や育児・介護休業制度などの利用と、嫌がらせとなる行為の間に因果関係のあるものがハラスメントに該当します。

マタニティハラスメント	妊娠・出産をしたこと、育児休業などの制度利用を申し出・取得した女性労働者
パタニティハラスメント	育児休業など制度利用を申し出・取得した男性労働者
ケアハラスメント	介護休業など制度利用を申し出・取得した男女労働者

職場におけるパワーハラスメント

　労働施策総合推進法では、職場におけるパワーハラスメントについて、事業主に防止措置を講じることを義務付けています。

　職場におけるパワーハラスメントとは、職場において行われる
1. 優越的な関係を背景とした言動であって
2. 業務上必要かつ相当な範囲を超えたものにより
3. 労働者の就業環境が害されるもの
であり、これら3つの要素を全て満たすものをいいます。

派遣先が雇用管理上講ずべき措置とは

　職場におけるハラスメントを防止するために、事業主が雇用管理上講ずべき措置として、主に次の措置が厚生労働大臣の指針に定められています。

　派遣労働者に対しては、派遣元事業主だけではなく、派遣先もこれ

らの措置について必ず講じなければなりません。

事業主の方針の明確化やその周知・啓発	・ハラスメントの内容、方針などの明確化と周知・啓発 ・行為者への厳正な対処方針、内容の規定化と周知・啓発
苦情を含む相談に応じ、適切に対応するために必要な体制の整備	・相談窓口の設置 ・相談に対する適切な対応
職場におけるハラスメントへの事後の迅速かつ適切な対応	・事実関係の迅速かつ適切な対応 ・被害者に対する適正な配慮の措置の実施 ・行為者に対する適正な措置の実施 ・再発防止措置の実施
併せて講ずべき措置	・当事者などのプライバシー保護のための措置の実施と周知 ・相談、協力などを理由に不利益な取扱いをされない旨の定めと周知・啓発

事業主の責務とは

　ハラスメントを防止するため、派遣先を含む事業主には、次の事項について努めることとする責務規定が定められています。

1. 職場におけるハラスメントを行ってはならないこと、その他職場におけるハラスメントに起因する問題に対する自社の労働者の関心と理解を深めること

2. 自社の労働者が他の労働者に対する言動に必要な注意を払うよう、研修その他の必要な配慮をすること

3. 事業主自身（法人の場合はその役員）が、ハラスメント問題に関する理解と関心を深め、労働者に対する言動に必要な注意を払うこと

ハラスメント対応、不利益取扱いの禁止など

	内　　　　容	根　　　拠　　　法	派遣先派遣元
雇用管理上の措置 事業主の責務	セクシュアルハラスメント	男女雇用機会均等法 　　第11条①、第11条の2②	◎
	マタニティハラスメント	男女雇用機会均等法 　　第11条の3①、第11条の4②	
	パタニティハラスメント ケアハラスメント	育児・介護休業法 　　第25条①、第25条の2②	
	パワーハラスメント	労働施策総合推進法 　　第30条の2①、第30条の3②	
解雇など 不利益取扱いの禁止	妊娠や出産など	男女雇用機会均等法 第9条③	◎
	育児休業	育児・介護休業法 第10条	
	出生時育児休業		
	出生時育児休業期間中の就業可能 日等の申し出を行わなかったこと		
	介護休業	育児・介護休業法 第16条	
	子の看護休暇	育児・介護休業法 第16条の4	
	介護休暇	育児・介護休業法 第16条の7	
	所定外労働の制限	育児・介護休業法 第16条の10	
	時間外労働の制限	育児・介護休業法 第18条の2	
	深夜業の制限	育児・介護休業法 第20条の2	
	妊娠・出産などの申し出をしたこと	育児・介護休業法 第21条②	
	所定労働時間の短縮措置など	育児・介護休業法 第23条の2	
	子の養育、家族の介護に関する制度 や措置の利用の相談などをしたこと	育児・介護休業法 第25条②	
措　　　　置	妊娠中、出産後の健康管理	男女雇用機会均等法 　　第12条、第13条①	◎

Q 40 労災保険に関する派遣元事業主と派遣先の責任分担はどのようになっていますか

　労働者派遣事業における労働災害は、雇用関係のある派遣元事業主が災害補償責任を負います。したがって、労災保険関係の手続きは、派遣元事業主が行います。

　なお、派遣先の責任により労災事故が発生した場合は、「第三者行為災害」として、派遣先は国から求償されるケースが発生します。

労災保険法の適用事業所

　労働者派遣事業に対する労災保険法の適用については、派遣元事業主の事業が適用事業とされます。また、派遣元事業主の事業における保険関係により適用労働者となります（昭和 61.6.30 発労徴第 41 号、基発第 383 号）。

　労働者派遣事業における事業主の災害補償責任は、次の理由により労働者派遣法には特例規定を設けず、原則のまま派遣元事業主に災害補償責任を負うこととしています。

- ・派遣元事業主は、労働者の派遣先を任意に選択できる立場にあり、労災事故が発生した派遣先と労働者派遣契約を締結し、その契約に基づいて労働者を派遣したことに責任があること
- ・派遣元事業主は、派遣労働者を雇用し、自己の業務命令によって派遣先において就労をさせているので、派遣労働者を雇用している者として、派遣先の事業場において派遣労働者の安全衛生が確保されるよう十分配慮する責任があること（派遣法第 31 条）
- ・業務上の負傷・疾病に係る解雇制限の規定（労働基準法第 19 条）や補償を受ける権利の退職による不変更の規定（労働基準法第 83

条）は、労働契約関係の当事者である派遣元事業主に災害補償責任のあることを前提としていると考えられること
・災害補償の内容は賃金に代替する性格を有しているものであり、賃金支払義務者である派遣元事業主に災害補償責任を負わせることが適当と考えられること
・保険料の算定基礎となる賃金総額を的確に把握する観点からみても、賃金を支払う派遣元事業主を適用事業主とすること

派遣労働者の業務災害認定

派遣労働者の業務災害認定に当たっては、
・派遣労働者が派遣元事業主との間の労働契約に基づき派遣元事業主の支配下にある場合
・派遣元事業主と派遣先との間の労働者派遣契約に基づき派遣先の支配下にある場合
には、一般に業務遂行性があるものとして取り扱います。
なお、派遣元の事業場と派遣先の事業場との間の往復の行為については、それが派遣元事業主や派遣先の業務命令によるものであれば、一般に業務遂行性が認められます（昭和 61.6.30 基発第 383 号）。

派遣労働者の通勤災害認定

派遣労働者の通勤災害認定に当たっては、派遣元事業主や派遣先の指揮命令により業務を開始し、または終了する場所が「就業の場所」となります。
したがって、派遣労働者の住居と派遣元の事業場や派遣先の事業場との間の往復の行為は、一般に「通勤」となります（昭和 61.6.30 基発第 383 号）。

派遣先における第三者行為災害の取扱い

派遣労働者の被った労働災害が次のような場合、派遣先を第三者とする第三者行為災害となります（平成 24.9.7 基発 0907 第 4 号）。

・直接の加害行為が存在する場合
・直接の加害行為は存在しないが、派遣労働者の被った労働災害の直接の原因が派遣先の安全衛生法令違反にあると認められる場合

「第三者行為災害」とは、労災保険給付の原因である災害が第三者の行為などによって生じたもので、労災保険の受給権者である被災労働者や遺族に対して、第三者が損害賠償の義務を有しているものをいいます。

つまり、派遣先の責任により労災事故が発生し、派遣労働者に対して労災保険から保険給付がされたときは、国（政府）はその給付の価額を限度としてその派遣労働者が派遣先に対して有する損害賠償の請求権を取得し、求償することとなります。

労災保険給付を先に受けた場合（労災保険法第 12 条の 4 第 1 項）

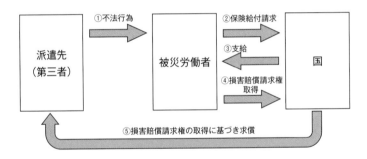

損害賠償を先に受けた場合（労災保険法第 12 条の 4 第 2 項）

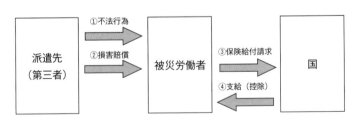

派遣先における費用徴収の有無

　派遣労働者の被った業務災害が、派遣元事業主の故意や重大な過失により生じたものであるとき、療養開始日（即死の場合は事故発生日）の翌日から3年以内に支給事由が生じた保険給付（一部を除く）の額の30%相当額を支給の都度、事業主から徴収されます（費用徴収）（労災保険法第31条第1項第3号）。

費用徴収の仕組み

　しかし、派遣先に対して、この規定は適用されません（昭和61.6.30基発第383号）。

　派遣先においては、「費用徴収」ではなく「第三者行為災害」において金銭的負担を負うということです。

労働者死傷病報告の提出義務

　派遣労働者について労働安全衛生法に定める死傷病報告の対象になった場合、派遣元事業主、派遣先の双方に提出義務が生じます。

　派遣先は、受け入れている派遣労働者が労働災害に被災した場合、労働者死傷病報告（様式第23号）を作成し、派遣先の事業場を所轄する労働基準監督署に提出しなければなりません。また、提出した労働者死傷病報告の写しを、遅滞なく、その労働者を雇用する派遣元事業主に送付しなければなりません。

　一方、派遣労働者が労働災害に被災したことを派遣元事業主が把握した場合、派遣先から送付された労働者死傷病報告の写しを踏まえて自らも労働者死傷病報告を作成し、派遣元の事業場を所轄する労働基準監督署に提出しなければなりません（安衛則第97条、派遣法第45

条第 15 項、派遣則第 42 条、平成 27.9.30 基発 0930 第 5 号）。

死亡 休業 4 日以上	遅滞なく	
休業 4 日未満	1 月から 3 月までに発生した事故	4 月 30 日まで
	4 月から 6 月までに発生した事故	7 月 31 日まで
	7 月から 9 月までに発生した事故	10 月 31 日まで
	10 月から 12 月までに発生した事故	1 月 31 日まで

　労働者死傷病報告を提出しなかったり、虚偽の内容を記載して労働基準監督署へ提出すると「労災かくし」として 50 万円以下の罰金に処せられます（労働安全衛生法第 120 条第 5 号、第 122 条）。

　なお、派遣労働者が労働災害に被災した場合、派遣元事業主は派遣先から労働災害の原因や対策について必要な情報提供を求め、雇入れ時などの安全衛生教育に活用するとともに、労働災害のあった業務と同じ業務に従事する派遣労働者に対してこれらの情報を提供することとされています。

Q41 労働組合法に関する派遣元事業主と派遣先の責任分担はどのようになっていますか

労働者派遣において、派遣される労働者の労働条件は雇用関係のある派遣元事業主との間で決定されます。そのため、労働組合法に定める使用者は、原則として派遣元事業主となります。

しかし、派遣先に責務がある内容の申入れについては、派遣先においても対応する必要があります。

不当労働行為とは

不当労働行為とは、会社や事業者などの使用者が、労働組合や労働者に対して、憲法で保障されている団結権や団体交渉権、団体行動権を侵害するような行為のことをいいます。

不当労働行為は、労働組合法第7条に規定されており、「使用者が雇用する労働者の代表者と団体交渉をすることを正当な理由がなくて拒むこと」もその一つの類型として禁止されています（労働組合法第7条第2号）。

では、雇用関係がなく、指揮命令関係しかない派遣先は「使用者」ではないといえるのでしょうか。

労働者派遣において「使用者」とは、原則として労働契約上の雇用主である派遣元事業主になります。しかし、「労働組合法第7条が労働組合の団結権に対する侵害を不当労働行為として排除し、是正を行うことで正常な労使関係の回復を目的としていることから、雇用主以外であっても、労働者の基本的な労働条件などについて雇用主と同視できる地位にある場合は、「使用者」にあたる」とする最高裁の判例（朝

日放送事件／平成 7 年 2 月 28 日）もあります。

　したがって、例えば申し入れのあった交渉の内容が労働時間管理に関するもの、ハラスメントに関するもの、偽装請負による労働契約みなし申込みに関するものなどであれば、派遣先にも受け入れている派遣労働者が所属する労働組合との団体交渉に応じる義務があるといえます。

合同労働組合（ユニオン）とは

　日本は終身雇用制を前提に、大企業を中心に企業別の労働組合が多く成立しています。

　しかし、中小企業では企業別の労働組合が組織されていないことが多いため、解雇や賃金未払い、ハラスメントなどの労働問題に直面した中小企業の労働者は、一定の地域を活動の対象としており、1 人でも加入できる合同労働組合（ユニオン）に入り、労働組合として使用者に団体交渉を申し入れるケースがあります。

　もちろん、派遣労働者も合同労働組合（ユニオン）に加入することができるので、派遣元事業主に企業別の労働組合が存在しないからといって、派遣先において労働組合からの団体交渉を申し入れられる可能性がないということではありません。

企業別労働組合

合同労働組合（ユニオン）

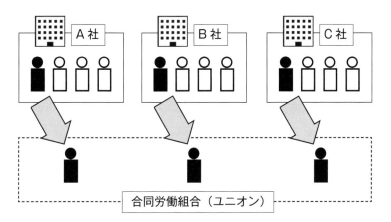

第5章

受け入れている
派遣労働者への対応

Q 42 派遣労働者から苦情の申し出があった場合、派遣先はどのようなことをすればよいのでしょうか

　　派遣先が派遣労働者から派遣就業に関して苦情の申し出を受けたときは、その苦情の内容を派遣元事業主に通知するとともに、派遣元事業主との密接な連携の下に、誠意をもって、遅滞なく、苦情の適切かつ迅速な処理を図らなければなりません（派遣法第40条第1項）。

苦情の申し出とは

　派遣労働者からの苦情の申し出には、ハラスメントに関するもの、指揮命令の方法の改善、障害者である派遣労働者が能力を発揮するために支障となっている事情に関するものなど、多種多様に及びます。

　派遣労働者から派遣先に出された申し出は、書面によるものか口頭によるものかを問わず、また、派遣先責任者や派遣労働者を直接指揮命令する者に限らず、広く派遣先で派遣労働者を管理する職務上の地位にある者が認識し得るものであれば、「苦情の申し出」となります（派遣要領第7の3(2)イ）。

　したがって、派遣先においては、このような苦情の申し出に対して、適切かつ迅速な対処ができるような体制を構築しておく必要があります。

派遣元事業主への通知

　苦情の申し出を受けた場合は、その苦情の内容を、遅滞なく、派遣元事業主に通知しなければなりません。

　ただし、派遣先において、申し出を受けた苦情の解決が容易であり、

現実的にその苦情を即時に処理してしまったような場合は、あえて派遣元事業主に通知する必要はありません。

派遣元責任者との連携

派遣労働者の苦情が、派遣先における派遣労働者への対処方法のみに起因している場合は派遣先のみで解決が可能です。

しかし、その原因が派遣元事業主にもある場合、派遣先が単独で解決を図ることは困難ですから、派遣元事業主と密接に連絡調整を行いながら、その解決を図っていくことが必要になります。

なお、いずれの場合においても、中心となってその処理を行うのは派遣先責任者ですから、派遣先責任者は派遣元責任者と連携をしながら解決を図らなければなりません。

苦情の申し出を理由とする不利益取扱いの禁止

派遣労働者から苦情の申し出を受けたことを理由として、その派遣労働者に対して不利益な取扱いをすることは禁じられています（派遣先指針第2の7）。

この禁止される「不利益な取扱い」には、苦情の申し出を理由としてその派遣労働者が処理すべき業務量を増加させるなどのように、派遣労働者に対して直接行う不利益な取扱いのほか、苦情の申し出を理由として派遣元事業主に対して派遣労働者の交代を求めたり、労働者派遣契約の更新を行わないなど、間接的に派遣労働者の不利益につながる行為も含まれます。

なお、派遣労働者から苦情の申し出を受けたことを理由とする労働者派遣契約の解除は、労働者派遣法第27条に違反する行為とされています（派遣要領第5の3(3)ハ）。

苦情の適切な処理

派遣労働者

苦情の申し出を理由とする
不利益取扱いの禁止

派遣先管理台帳への記載

　派遣労働者から苦情の申し出を受けた場合、苦情の申し出を受けた年月日、苦情の内容、苦情の処理状況について、申し出を受けた都度、また、処理に当たった都度、派遣先管理台帳への記載が必要です。

A 　派遣労働の期間が長く、かつ、直接雇用を望む派遣労働者について、派遣元事業主は、派遣先へ直接雇用をしてもらえないかを依頼するなど、雇用安定措置を講じることが義務付けられています。

　派遣先は、必ずしもこの依頼に応じる必要はありません。しかし、依頼があったときは可能な限り直接雇用に応じるよう努力義務として定められています。

雇用安定措置とは

　派遣元事業主は、Q12 で述べた個人単位の期間制限（3 年）に達する見込みである派遣労働者が引き続き就業することを希望する場合、次のいずれかの措置を講じなければなりません。これを雇用安定措置といいます（派遣法第 30 条第 2 項）。

1. 派遣先への直接雇用の依頼
2. 新たな就業機会（派遣先）の提供
3. 派遣元事業主において無期雇用
4. その他安定した雇用の継続が確実に図られると認められる措置

制度が作られた理由

　派遣労働者は、派遣労働への固定化防止の観点から派遣先の同一の組織単位において 3 年の期間制限が課せられています。しかし、この期間制限に達した後に次の就業先がなければ、派遣労働者は職を失うことになる可能性があります。

このため、雇用主である派遣元事業主には、派遣期間終了後にも派遣労働者の雇用が継続されるような措置を講じる責務を課すことにより、派遣労働者の雇用の安定を図ることとしています。

優先雇用の努力義務

一方、派遣先は、次の全てを満たす場合、受け入れている派遣労働者を直接雇い入れるよう努めなければならないとされています（派遣法第40条の4）。

1. 派遣元事業主から、労働者派遣法に定める雇用安定措置の一つとして直接雇用の依頼があったこと
2. 派遣先の事業所で、同じ組織単位（「課」など）の業務を1年以上継続して特定有期雇用派遣労働者が派遣労働に従事した実績があること
3. 派遣先が、派遣労働者の受入期間終了後も、引き続きその業務に従事する労働者を雇い入れようとすること

特定有期雇用派遣労働者の雇用安定措置

有期雇用派遣労働者の属性	同じ組織単位における継続就業見込み	派遣元が行う雇用安定措置	派遣先が行う優先雇用
派遣期間終了後も継続して就業を希望	3年継続見込み	義務	一定の条件に該当する場合は**努力義務**
	1年以上3年未満継続見込み	努力義務	

特定有期雇用派遣労働者とは

特定有期雇用派遣労働者とは、派遣元事業主に有期で雇用されている派遣労働者であって、派遣先の事業所で、同じ組織単位（「課」など）の業務を1年以上継続して派遣労働に従事する見込みがあり、労働者派遣の終了後も継続して就業することを希望している者をいいます。

なお、期間制限の対象外となる以下に該当する派遣労働者や業務（派遣法第 40 条の 2 第 1 項）は、特定有期雇用派遣労働者から除かれます（派遣法第 30 条本文、派遣則第 25 条第 1 項）。

・60 歳以上の派遣労働者
・有期プロジェクト業務（事業の開始、転換、拡大、縮小、廃止のための業務であって一定期間内に完了するもの）
・日数限定業務（1 か月間に行われる日数が通常の労働者に比べて相当程度少なく、かつ、月 10 日以下であるもの）
・産前産後休業、育児休業・介護休業などを取得する労働者の業務（代替業務）

労働者募集情報の提供

　派遣先は、一定の要件を満たした特定有期雇用派遣労働者について、その事業所における募集情報を提供する義務が課せられています（派遣法第 40 条の 5 第 2 項）。

　対象となる特定有期雇用派遣労働者は、

1. 派遣元事業主から、労働者派遣法に定める雇用安定措置の一つとして直接雇用の依頼があったこと
2. 派遣先の事業所で、同じ組織単位（「課」など）の業務を 3 年間継続して派遣就労する見込みがあること

のいずれも満たす派遣労働者です。

特定有期雇用派遣労働者

有期雇用の派遣労働者であり、派遣先事業所で、同一組織単位の業務を継続して1年以上派遣就労をする見込みがあり、派遣の終了後も継続して就業することを希望している

派遣先に3年間就労見込み

派遣先事業所で、同一組織単位の業務を継続して3年間派遣就労する見込みがある

雇用安定措置による依頼

派遣元事業主から直接雇用の依頼があった

　なお、募集情報は、正社員だけではなく、パートタイマーや契約社員なども含む直接雇用に関するものが対象です。

　また、周知の方法は、事業所の掲示板に求人票を貼り出したり、対象の派遣労働者へ直接メールなどで通知することなどのほか、派遣先から派遣元事業主に募集情報を提供し、雇用関係のある派遣元事業主を通じて周知する方法でも構いません。

　派遣元事業主を通じずに募集情報を提供した際には、派遣先は提供したことを派遣元事業主に情報提供することが望ましいとされています。

　さらに、周知した事項の内容については、派遣先において記録し、保存をすることが望ましいとされています（派遣要領第7の8(4)ロ）。

Q 44 派遣先が正社員を募集するとき、どのような場合に受け入れている派遣社員に対して募集の周知をしなければなりませんか

　　派遣先が無期雇用の正社員を募集するときは、その事業所において1年以上就業している派遣労働者に対して、従事すべき業務の内容、賃金、労働時間などの募集内容を周知しなければなりません（派遣法第40条の5第1項）。

募集の周知が必要な理由

　派遣労働者の中には、正社員で直接・無期雇用を希望しつつも、やむを得ず派遣就労に従事している人もいます。

　労働者派遣法は、派遣労働が臨時的、一時的な働き方であるという考え方なので、これらの人について正社員として雇用される機会をできるだけ提供しようとするものです。

周知の対象となる派遣労働者

　周知の対象となるのは、正社員を募集する事業所と同じ事業所で1年以上継続して就労している派遣労働者です。この派遣労働者は、有期雇用の派遣労働者だけではなく、無期雇用の派遣労働者も含まれます。

　なお、「同じ事業所で1年以上継続して就労」とは、派遣の途中で事業所内の組織単位（「課」など）を異動した場合も含まれます。

正社員募集の通知

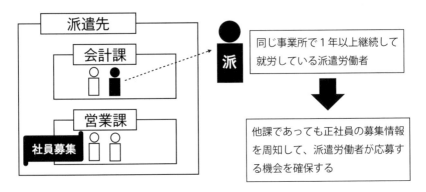

周知の方法

　具体的な周知の方法は、事業所の掲示板に求人票を貼り出すこと、直接メールなどで通知をすることのほか、派遣先から派遣元事業主に募集情報を提供し、派遣元事業主を通じて派遣労働者に周知をしてもかまいません。

　なお、募集に係る情報について、新卒の学生を対象とした全国転勤の総合職の求人情報など、該当する派遣労働者に応募資格がないことが明白である場合、周知をする必要はありません。

　派遣先は、受け入れている派遣労働者に募集情報の周知をした場合、周知した事項の内容を記録・保存することが望ましいとされています。また、派遣元事業主を通じずに募集情報を提供した際には、派遣労働者に情報提供をしたことについて、派遣元事業主にも情報を提供することが望ましいとされています。

Q45 受け入れている派遣労働者を正社員として採用するに当たり、活用できる助成金はありますか

 　派遣労働者のキャリアアップを促進することを目的として、派遣労働者を正社員として直接雇用する事業主に対して「キャリアアップ助成金（正社員化コース）」による助成が行われています。

「キャリアアップ助成金（正社員化コース）」の助成額（令和5年度）

　派遣先が派遣労働者を正社員として直接雇用をした場合、支給要件を満たすことによって1人当たり次の金額が助成されます。

有期雇用を正規雇用にした場合	中小企業	85.5 万円／人
	大 企 業	71.25 万円／人
無期雇用を正規雇用にした場合	中小企業	57 万円／人
	大 企 業	49.875 万円／人

主な支給要件（令和5年度）

1. 派遣労働者を正社員として直接雇用する制度を就業規則などに規定していること
2. 同一の事業所などで、原則として6か月以上継続して労働者派遣を受け入れていたこと
3. 正社員として直接雇用後6か月分の賃金を支給したこと
4. 直接雇用後の6か月間の賃金を、派遣期間中の6か月間の賃金と比較して、3%以上増額させていること

　なお、コロナによる特例として、令和3年12月から令和7年3月までの期間中に、「紹介予定派遣であること」「これまでに就労経験の

ない職業に就くことを希望すること」の条件をいずれも満たす場合、一定の訓練を行うことにより、派遣期間が原則 6 か月以上であるところが、2 か月以上 6 か月未満でも支給対象になります。

　この場合、上記「支給要件 4」は、1 か月当たりの平均賃金額を比較して 3%以上増額させていることが必要です。

助成金の申請方法

　助成金を申請するに当たっては、派遣労働者を正社員として直接雇用する前日までに、あらかじめ「キャリアアップ計画」をハローワークへ提出しておく必要があります。

　助成金の申請は、正社員としての賃金を 6 か月分支給した日の翌日から 2 か月以内が期限となります。

（例）賃金締切日が月末で翌月15日払いの企業の場合

3/31までに「キャリアアップ計画」提出　　　　　　　　　12/15までに支給申請書を提出

| 派遣期間 | 6か月分の賃金算定 | | | 支給申請期間 | |

4/1　　　　　　9/30　　　10/15　　10/16　　　　　12/15
直接雇用日　　　賃金〆日　賃金支払日　賃金支払日　　　　　
　　　　　　　　　　　　　　　　翌日

【出典】厚生労働省リーフレット「派遣労働者を貴社の正社員にしませんか？」

　なお、助成金の支給要件は毎年変わります。最新の支給要件については厚生労働省のホームページでご確認ください。

第6章

原則禁止の日雇派遣

Q 46 日雇派遣とは、どのような派遣ですか

A
　　日雇派遣とは、派遣元事業主において「日々雇用する労働者」や「30 日以内の期間を定めて雇用する労働者」を派遣することをいいます。

　　原則として日雇派遣は禁止されています。しかし、特定の 19 業務に労働者が派遣される場合、または、特定の属性である労働者が派遣される場合は、例外的に日雇派遣を行うことができます（派遣法第 35 条の 4 第 1 項）。

原則禁止の日雇派遣

　日雇派遣は、日雇労働者に対して必要な雇用管理が、派遣元事業主、派遣先のいずれでもなされず、また、労働災害が多く発生するなど労働者保護がなされていない傾向にあることから、原則は禁止とされています。

　日雇労働者とは、「日々雇用する労働者」や「30 日以内の期間を定めて雇用する労働者」のことをいいます。つまり、労働契約の期間が 31 日以上であれば、実際の派遣日数が 30 日以内であったとしても、禁止されている日雇派遣には該当しません。

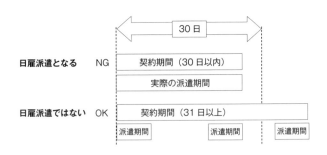

ただし、例えば、

・実際の派遣期間が1日しかないにもかかわらず、31日以上の労
　働契約を締結している

・労働契約の初日と最終日しか労働者派遣の予定がないにもかかわ
　らず、その期間を通じて労働契約を締結している

など、日雇派遣が禁止されている趣旨から逸脱するような労働契約は、
法の適用を免れることを目的とした違法行為になると考えられていま
す（派遣要領第6の17(3)）。

日雇派遣が認められる場合

　しかし、業務の内容によっては日雇派遣であっても雇用管理が困難
ではなく、また、労働災害の発生頻度が低い業務もあります。

　さらに、一律に日雇派遣を禁止すると、多様な働き方を阻害するこ
とになるため、学生のアルバイトなど労働者の属性から勘案して問題
がないと考えられる場合は、原則禁止の例外として日雇派遣が認めら
れています。

日雇派遣は原則禁止

原則	例外として日雇派遣が認められる場合
禁止	特定の業務に派遣される場合
	派遣労働者が特定の属性である場合

Q 47 原則禁止の日雇派遣について、例外として認められているのはどのような業務ですか

A　　　日雇労働者の適正な雇用管理に支障を及ぼすおそれがないとされる 19 業務については、原則禁止の例外として日雇派遣が認められています（派遣令第 4 条第 1 項）。

日雇派遣が認められる 19 業務

派遣先において、次のいずれかの業務に派遣労働者を従事させるのであれば、日雇の派遣労働者であっても受け入れることができます。

1. 情報処理システム開発関係
 ・電子計算機を使用することにより機能するシステムの設計、保守の業務
 ・プログラムの設計、作成、保守の業務
2. 機械設計関係
 ・機械など（機械、装置、器具）や機械などにより構成される設備の設計・製図の業務
3. 機器操作関係
 ・事務用機器（電子計算機、タイプライター、これらに準ずる事務用機器）の操作の業務
4. 通訳、翻訳、速記関係
5. 秘書関係
 ・法人の代表者その他の事業運営上の重要な決定を行い、またはその決定に参画する管理的地位にある者の秘書の業務
6. ファイリング関係
 ・文書、磁気テープなどのファイリング（能率的な事務処理を図るために総合的かつ系統的な分類に従ってする文書、磁気テー

プなどの整理・保管）に係る分類の作成業務
- 高度の専門的な知識・技術・経験を必要とするファイリングの業務
7. 調査関係
- 新商品の開発、販売計画の作成などに必要な基礎資料を得るためにする市場などに関する調査業務
- その調査の結果の整理・分析の業務
8. 財務関係
- 貸借対照表、損益計算書などの財務に関する書類の作成その他財務の処理の業務
9. 貿易関係
- 外国貿易その他の対外取引に関する文書の作成の業務
- 商品の売買その他の国内取引に係る契約書、貨物引換証、船荷証券、これらに準ずる国内取引に関する文書の作成の業務
10. デモンストレーション関係
- 電子計算機、自動車その他その用途に応じて的確な操作をするためには高度の専門的な知識、技術、経験を必要とする機械の性能、操作方法などに関する紹介や説明の業務
11. 添乗関係
- 旅程管理業務など（旅行者に同行して行う旅程管理業務や、企画旅行以外の旅行の旅行者に同行して行う旅程管理業務に相当する業務）、旅程管理業務などに付随して行う旅行者の便宜となるサービスの提供の業務
- 車両の停車場や船舶・航空機の発着場に設けられた旅客の乗降、待合いの用に供する建築物内において行う旅行者に対する送迎サービスの提供の業務
12. 受付・案内関係
- 建築物・博覧会場における来訪者の受付・案内の業務
13. 研究開発関係
- 科学に関する研究

・科学に関する知識や科学を応用した技術を用いて製造する新製品の開発の業務
・科学に関する知識や科学を応用した技術を用いて製造する製品の新たな製造方法の開発の業務

14．事業の実施体制の企画、立案関係
・企業がその事業を実施するために必要な体制やその運営方法の整備に関する調査・企画・立案の業務

15．書籍などの制作・編集関係
・書籍、雑誌その他の文章、写真、図表などにより構成される作品の制作における編集の業務

16．広告デザイン関係
・商品やその包装のデザイン、商品の陳列、商品や企業などの広告のために使用することを目的として作成するデザインの考案・設計・表現の業務

17．OA インストラクション関係
・事務用機器の操作方法、電子計算機を使用することにより機能するシステムの使用方法や、プログラムの使用方法を習得させるための教授・指導の業務

18．セールスエンジニアの営業、金融商品の営業関係
　次の業務について顧客に対して行う説明・相談、売買契約についての申込み、申込みの受付や締結、売買契約の申込みや締結の勧誘
・顧客の要求に応じて設計を行う機械や、機械により構成される設備・プログラム
・顧客に対して専門的知識に基づく助言を行うことが必要である金融商品

19．看護業務関係
・病院、助産所、介護老人保健施設、介護医療院、医療を受ける者の居宅において行われるものを除いた、療養上の世話や診療の補助の業務

Q48 原則禁止の日雇派遣について、例外として受け入れることができる日雇労働者とはどのような属性の労働者ですか

A 雇用機会の確保が特に困難とされる 60 歳以上の労働者や、一定の収入のある者が副業として派遣される場合など、一定の労働者については原則禁止の例外として日雇派遣が認められています。

日雇派遣が認められる労働者の属性

　次のいずれかに当たる労働者であれば、日雇派遣労働者として派遣労働者を受け入れることができます（派遣令第 4 条第 2 項、派遣則第 28 条の 2、第 28 条の 3）。

1. 労働者が 60 歳以上である場合
2. 労働者が学生や生徒である場合

　　ただし、「昼間学生」ではなく、定時制（夜間学部）、通信制、就職内定者、社会人大学生、休学中などの学生や生徒については、日雇派遣をすることができません。

3. 労働者の生業収入の額が 500 万円以上であるときに、その労働者が副業として日雇派遣の仕事に従事する場合

　　なお、「生業収入」とは、主たる業務の収入のことをいい、例えば、労働者派遣の対象となる日雇労働者が複数の業務を兼務している場合には、その収入額の最も高い業務が主たる業務となります。

　　また、使用者から労働の対価として支払われるものに限られるものではなく、例えば、不動産の運用収入やトレーディング収入（株式、投資信託、外国為替、先物取引などによる収入）なども「生業収入」に含まれます。

4. 日雇労働者が主として生計を一にする配偶者やその他の親族の

収入により生計を維持している場合であって、世帯収入が 500 万円以上である場合

　なお、「主として生計を一にする配偶者やその他の親族の収入により生計を維持している」とは、世帯全体の収入に占める労働者派遣の対象となる日雇労働者の収入の割合が 50%未満であることをいいます。配偶者には、事実上婚姻関係にある場合も含みます。

　また、「生計を一にする」とは、必ずしも配偶者やその他の親族と同居している必要はありません。したがって、例えば、両親の収入により生計を維持している子供が単身で生活をしている場合であっても、世帯収入が 500 万円以上であれば日雇派遣の対象となります。

　「世帯収入」には、労働者派遣の対象となる日雇労働者の収入も含まれます。また、「収入」とは、使用者から労働の対価として支払われるものに限られるものではなく、例えば、不動産の運用収入やトレーディング収入なども含まれることは本人の収入要件と同じ考え方になります（派遣要領第 6 の 17 (4)）。

日雇派遣のできる例外的な労働者

60 歳以上の高年齢者
昼間学生
副業（本業の年収が 500 万円以上）
世帯全体の年収が 500 万以上

第 7 章

フリーランスと雇用の境界線

Q 49
労働者派遣ではなく、フリーランスへ業務委託をするに当たって留意することはありますか

A 　業務委託契約を締結したフリーランスなどの個人事業主は、見かけ上、雇用ではありません。しかし、その実態によっては労働者性が認められることもあります。
　労働者性には「労働基準法」によるものと「労働組合法」によるものがあり、実態が雇用であると認められた場合は労働関係法令の保護を受けることになります。

フリーランスとは

　「フリーランス」は法令上の用語ではありません。そのため、定義は様々ですが、一般的には、専用の事務所や実店舗を設けず、また、従業員を雇わず自分だけで、あるいは同居の親族だけで個人経営をする自営業者や一人社長であって、自身の経験や知識、スキルを活用して収入を得る者をいいます。

フリーランスに適用される法律

　フリーランスが事業者と取引をする際には、その取引全般に「独占禁止法」が適用されます。また、事業者側の資本金が 1,000 万円を超えている場合は、「下請代金支払遅延等防止法」（下請法）も適用されます。
　さらに、これらの法律の適用に加えて、フリーランスとして業務を行っていても、実質的に発注事業者の指揮命令を受けて仕事に従事していると判断される場合など、業務の実態などから判断して「雇用」、

つまり「労働者」に当たる場合は、労働関係法令も適用されることになります。

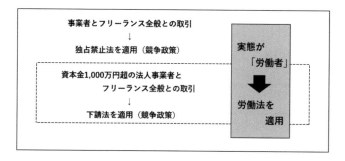

労働関係法令が適用されると、独占禁止法や下請法で問題となり得る事業者の行為が、労働関係法令では禁止・義務とされる場合などでは、より厳しい労働関係法令が適用されることになります。

法律によって異なる「労働者」の定義

同じ「労働者」という用語を使っていますが、「労働基準法」などが保護の対象とする「労働者」と、「労働組合法」で定義される「労働者」の範囲は異なります。一般的に「労働組合法」の方が「労働基準法」より広い範囲であるといわれています。

業務委託契約を締結したフリーランスであっても、実態が「労働組合法」上の労働者に該当すれば、発注先との団体交渉ができます。

また、「労働基準法」上の労働者に当たるのであれば、「業務委託契約」は名目であり、実態は「雇用契約」であるとされ、解雇制限や最低賃金、時間外・休日労働などの労働者保護の規定が適用されることになります。

労働基準法
第9条　この法律で「労働者」とは、職業の種類を問わず、事業又は事務所に使用される者で、賃金を支払われる者をいう。

労働組合法
第3条　この法律で「労働者」とは、職業の種類を問わず、賃金、給料その他これに準ずる収入によつて生活する者をいう。

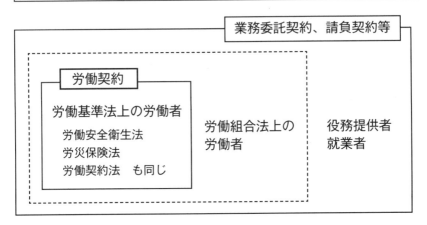

労働関係法令による保護

労働基準法等による保護	労働時間
	労働契約
	賃金
	労働災害
	安全衛生
労働組合法により禁止	発注者による団体交渉の拒否
	労働組合員となったことによる契約解除

独占禁止法や下請法で問題となる行為

- 報酬の支払遅延
- 報酬の減額
- 著しく低い報酬の一方的な決定
- やり直しの要請
- 一方的な発注取消し
- 役務の成果物に係る権利の一方的な取扱い
- 役務の成果物の受領拒否
- 役務の成果物の返品
- 不要な商品や役務の購入・利用強制
- 不当な経済上の利益の提供要請
- 合理的な必要の範囲を超えた
　　　　秘密保持義務等の一方的な設定
- その他取引条件の一方的な設定・変更・実施

労働関係法令が適用されると

賃金の支払い（未払賃金の発生など）

- 最低賃金
- 時間外・休日などの割増賃金
- 賃金全額払い
- 賃金毎月1回以上払い
- 賃金一定期日払い
- 休業手当

契約

- 解雇制限
- 賠償予定の禁止

労働組合

- 団体交渉の応諾義務　　　など

Q 50 労働基準法における「労働者性」とは どのようなことですか

A 　労働基準法は、職場における労働条件の最低基準を定めることを目的として、労働者を「職業の種類を問わず、事業（事業、事務所）に使用される者で、賃金を支払われる者をいう」と定義しています。

　労働基準法上の労働者に当たる場合は、労働基準法の「労働時間」や「賃金」などに関するルールが適用されます。また、労働安全衛生法、労働契約法、労働者災害補償保険法、最低賃金法など、個別の労働関係法令も原則として適用されることになります。

労働基準法における「労働者性」の判断基準

　労働基準法における「労働者性」の基準は次の2つです。この2つの基準を総称して「使用従属性」といいます。
　1. 労働が他人の指揮監督下において行われているかどうか、他人に従属して労務を提供しているかどうか（指揮監督下の労働）
　2. 報酬が、「指揮監督下の労働」の対価として支払われているかどうか（報酬の労務対償性）

---

1. 「使用従属性」に関する判断基準
　① 「指揮監督下の労働」であること
　　a 仕事の依頼、業務従事の指示等に対する諾否の自由の有無
　　b 業務遂行上の指揮監督の有無
　　c 拘束性の有無
　　d 代替性の有無（指揮監督関係を補強する要素）
　② 「報酬の労務対償性」があること

---

2. 「労働者性」の判断を補強する要素
　　① 事業者性の有無
　　② 専属性の程度
　※労働基準法研究会報告（労働基準法の「労働者」の判断基準について）（昭和 60 年 12 月 19 日）で示された判断基準

「指揮監督下の労働」とは

「指揮監督下の労働」には 4 つの要素があります。

1. 仕事の依頼、業務に従事すべき旨の指示などに対する諾否の自由の有無
　・発注者から具体的な仕事の依頼や、業務に従事するよう指示があった場合などに、それを受けるか受けないかをフリーランス側が自分で決めることができるか
2. 業務遂行上の指揮監督の有無
　・業務の内容や遂行方法について、発注者から具体的な指揮命令を受けているかどうか
3. 拘束性の有無
　・発注者から、勤務場所と勤務時間が指定され、管理されているか
4. 代替性の有無（指揮監督関係の判断を補強する要素）
　・フリーランス本人に代わって他の人が労務を提供することが認められているか
　・フリーランス側が自分の判断によって補助者を使うことが認められているか

「報酬の労務対償性」とは

　報酬の労務対償性とは、払われる報酬の性格が、発注者の指揮監督の下で一定時間労務を提供していることに対する対価と認められるかどうかをいいます。

「労働者性」の判断を補強する要素

「労働者性」の判断を補強する要素は次のとおりです。

1. 事業者性の有無
   ① 機械、器具、衣裳などの負担関係
      ・仕事に必要な機械、器具などを、発注者とフリーランス側のどちらが負担しているか
   ② 報酬の額
      ・仕事に対して発注者から受け取る報酬の額が著しく高額ではないか
2. 専属性の程度
   ・特定の発注者への専属性が高いと認められるか
3. その他
   ○ 発注者がフリーランスを自らの労働者と認識していると推認されるケース
      ・採用、委託などの際の選考過程が正規従業員の採用の場合とほとんど同様であること
      ・報酬について給与所得としての源泉徴収を行っていること
      ・労働保険の適用対象としていること
      ・服務規律を適用していること
      ・退職金制度、福利厚生を適用していること　など

具体的に労働基準法上の「労働者」に当たる可能性のある場合とは

次のような実態があれば直ちに「労働者」となるわけではありませんが、契約内容やその他の要素を総合的に判断して労働基準法上の「労働者」に当たる可能性があります。

・発注者からの仕事は、病気のような特別な理由がないと断れない
・運送の経路や方法、出発時刻といった、業務の遂行に関することは、全部発注者から指示され、管理されている
・発注者から、通常予定されている仕事の他に、契約や予定にない業務も命令されたり頼まれたりする

- 報酬は「時間当たりいくら」で決まっている
- 始業や終業の時刻が決められていて、始業に遅れると「遅刻」として報酬が減らされる
- 受注した仕事をするのに非常に時間がかかるため、他の発注者の仕事を受注する余裕が全くない

労働基準法における「労働者性」の判断基準

労働基準法上の「労働者」にあたる

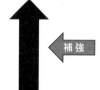

補強	事業者性がない	仕事に必要な機械などを発注者などが所有している場合や、フリーランスが受け取る報酬が同じような仕事をする労働者と比べて著しく高額でないか　など
	専属性が高い	他の発注者などの業務を行うことが制度上制約されたり、時間的な余裕がないなど、特定の発注者から受ける業務の割合が非常に大きいか　など

「使用従属性」が認められる

補強	報酬の労務対償性がある	フリーランスに支払われる報酬額が、発注者などの指揮監督の下で行う作業時間などをベースに決まっているか　など

「指揮監督下の労働」である

補強	代替性がない	発注者などから受けた仕事を自分に代わって他人がすることや、自分の判断で補助者を使うことが認められていないか　など

諾否の自由がない	発注者などからの仕事の依頼や、業務の指示があった際に、受けるかどうかを自分で決められない（拒否できない）か
業務遂行上の指揮監督がある	業務の内容や遂行方法について、発注者などから具体的な指揮命令を受けているか
拘束性がある	発注者などから勤務場所と勤務時間が指定され、管理されているか

Q 51 労働組合法における「労働者性」とはどのようなことですか

　労働組合法では、労働者を「職業の種類を問わず、賃金、給料その他これに準ずる収入によって生活する者」と定義しています。

　労働組合法上の労働者に当たる場合は、労働組合法により、団体交渉などについて保護を受けることができます。例えば、正当な理由のない発注者の団体交渉拒否や、労働組合員となったことによる契約解除などが禁止されます。

　労働組合法は、労働基準法より労働者の範囲が広く、労働基準法上の労働者に該当すれば、同時に労働組合法上の労働者にも該当します。

労働組合法における「労働者」の考え方

　労働者は、労働力という特殊な財を提供して対価を得て生活しています。労働力は売り惜しみがきかないため、相手方との個別の交渉においては交渉力に格差が生じ、契約自由の原則を貫徹しては不当な結果が生じてしまいます。そのため、労働組合を組織し集団的な交渉を通じた保護が図られるべき者が幅広く含まれるよう、労働組合法における「労働者」は、労働基準法における労働者より広い範囲とされています。

労働組合法における「労働者性」の判断要素

　労働組合法における「労働者性」の基準は「基本的判断要素」「補充的判断要素」「消極的判断要素」から判断します。

1. 基本的判断要素
   ① 事業組織への組み入れ
   ② 契約内容の一方的・定型的決定
   ③ 報酬の労務対価性
2. 補充的判断要素
   ④ 業務の依頼に応ずべき関係
   ⑤ 広い意味での指揮監督下の労務提供、一定の時間的場所的拘束
3. 消極的判断要素
   ⑥ 顕著な事業者性
※労使関係法研究会報告書（労働組合法上の労働者性の判断基準について）（平成23年7月）で示された判断要素

「基本的判断要素」とは

次の基本的判断要素が肯定される場合、労働組合法上の労働者性が強まるとされています。

1. 事業組織への組み入れ（フリーランス側が発注者の業務の遂行に不可欠・枢要な労働力として組織内に確保されているか）
   （例）
   ・評価制度や研修制度を設けている、業務地域や業務日を割り振るなど、発注者がフリーランス側を管理している
   ・発注者の名称が記載された制服の着用、身分証の携行など、第三者に対して発注者がフリーランスを自己の組織の一部として扱っている
   ・発注者から受託している業務に類似する業務を、他の相手から受託することができない
   ・発注者は、人手が不足したときは他者にも委託するが、通常はフリーランスのみに委託している　など
2. 契約内容の一方的・定型的決定（労働条件や労務の内容を発注者が一方的・定型的に決定しているか）

（例）

・契約締結や更新時に、フリーランス側が発注者と交渉して契約内容を変更する余地が実際にない

・発注者が報酬の算出基準、算出方法を決定している

・契約に定型的な契約書式が用いられている　など

3. 報酬の労務対価性（フリーランスの報酬が労務供給に対する対価やそれに類似するものとしての性格を有するか）

（例）

・時間外手当や休日手当に類するものが支払われている

・報酬が業務量や時間に基づいて算出されている（ただし、出来高給であっても直ちに報酬の労務対価性は否定されない）

・一定額の報酬の支払いが保証されている

・報酬が一定期日に、定期的に支払われる　など

「補充的判断要素」とは

次の補充的判断要素が肯定される場合、基本的判断要素が補強・補完されます。

1. 業務の依頼に応ずべき関係（フリーランスが発注者からの個々の業務の依頼に対し、基本的に応ずべき関係にあるか）

（例）

・実際の契約の運用や当事者の認識上、フリーランス側が発注者からの業務の依頼を拒否できない

・実際に個別の業務の依頼を拒否するフリーランスがほとんどおらず、また、依頼拒否の事例が存在しても例外的な事象にすぎない

・フリーランス側が依頼された業務を断った場合、契約の解除や契約更新の拒否など、不利益な取り扱いや制裁の可能性がある

など

2. 広い意味での指揮監督下の労務提供（フリーランスが、発注者の指揮監督の下に労務の提供を行っていると広い意味でいうことができるか）、一定の時間的場所的拘束（労務の提供に当たり日時や場所について一定の拘束を受けているか）

（例）

・マニュアルなどにより作業手順、心構え、接客態度などを指示されている

・業務終了時に発注者に報告を求めるなど、労務の提供の過程を発注者側が監督している

・業務量や労務提供の日時、場所についてフリーランス側に裁量の余地がない

・一定の日時に出勤や待機が必要であるなど、フリーランス側の行動が拘束されることがある　など

「消極的判断要素」とは

逆に、次の消極的判断要素が肯定される場合、労働組合法上の労働者性が弱まる場合があります。

○　顕著な事業者性（フリーランスが、恒常的に自己の才覚で利得する機会を有し自らリスクを引き受けて事業を行う者とみられるか）

（例）

・独自の営業活動を行うことができるなど、自己の判断で損益を変動させる余地が広範にある

・受託した業務で想定外の利益や損失が発生した場合に、フリーランス自身に帰属する

・契約上だけでなく、実態上も受託した業務を他人に代行させることに制約がない

・発注者から受託する事業以外に主たる事業を行っている

・フリーランス側が、一定規模の設備、資金などを保有している

など

労働組合法における「労働者性」の判断基準

基本的判断要素	各要素が肯定される場合、労働者性が強まる	事業組織への組み入れ	・ 評価/研修制度がある ・ 業務地域や業務日を割り振られる ・ 制服の着用や身分証の携行が求められる　など
		契約内容の一方的・定型的決定	・ 契約内容を交渉する余地がない ・ 報酬の算出基準や方法を発注者に一方的に決定されてしまう　など
		報酬の労務対価性	・ 時間外や休日手当に相当するものがある ・ 報酬を業務時間に基づいて算出している ・ 一定額の報酬の支払いが保証されている　など

↑ 補強

補充的判断要素	各要素が肯定される場合、基本的判断要素が補強・補完される	業務の依頼に応ずべき関係	・ 実際の運用や認識上、業務の依頼を拒否できない ・ 依頼を拒否する他の会社等がほぼいない ・ 依頼を断ると他の仕事に悪影響が生じる　など
		広い意味での指揮監督下の労務提供、一定の時間的場所的拘束	・ マニュアルなどにより作業手順や心構えや接客態度などが指示されている ・ 発注者などに仕事の様子を監督されている ・ 業務量や日時や場所が定められている ・ 一定の日時に出勤や待機などの時間拘束がある　など

消極的判断要素	この要素が肯定される場合、労働者性が弱まる
・独自の営業活動を行うことができる ・想定外の利益や損失は自身で引き受ける ・業務を他人に代行させられる　など	

巻末資料

派遣先が講ずべき措置に関する指針（平成 11 年労働省告示第 138 号） https://www.mhlw.go.jp/content/000717005.pdf	
労働契約申込みみなし制度について（平成 27 年 9 月 30 日、職発 0930 第 13 号） https://www.mhlw.go.jp/file/06-Seisakujouhou-11600000-Shokugyouanteikyoku/0000092369.pdf	
労働者派遣事業と請負により行われる事業との区分に関する基準（昭和 61 年労働省告示第 37 号） https://www.mhlw.go.jp/content/000780136.pdf	
派遣労働者に係る労働条件及び安全衛生の確保について（平成 21 年 3 月 31 日、基発第 0331010 号） https://www.mhlw.go.jp/web/t_doc?dataId=00tb5424&dataType=1&pageNo=1	
労働者派遣事業に対する労働保険の適用及び派遣労働者に係る労働者災害補償保険の給付に関する留意事項等について（昭和 61 年 6 月 30 日、発労徴第 41 号、基発第 383 号） https://www.mhlw.go.jp/web/t_doc?dataId=00tb2521&dataType=1&pageNo=1	
派遣先事業主に係る第三者行為災害の取扱いについて（平成 24 年 9 月 7 日、基発 0907 第 4 号） https://www.mhlw.go.jp/web/t_doc?dataId=00tb8790&dataType=1&pageNo=1	

※上記参考資料の URL は、2023 年 3 月末現在のものです。

著者紹介

中村 文彦（なかむら・ふみひこ）

1964 年生まれ　大阪府池田市出身
社会保険労務士
特定行政書士（申請取次行政書士）
一般社団法人 Office aya9 代表理事
aya9 社会保険労務士・行政書士事務所 代表
HP：https://aya9.work/

　国税調査官や金融証券検査官など、国家公務員として 33 年間奉職した後、大阪府池田市に社会保険労務士・行政書士事務所を開業。「成長を楽しむためのパートナー」として、会社に内在するリスクの把握や対策（リスク・コントロール）を重視した経営全般（財務・法務・労務）の指南に取り組む。

本書に関する最新情報は、
https://aya9.work/haken.html に掲載しています。

派遣先に知ってほしい派遣法の実務
ーその業務委託、派遣（偽装請負）ではありませんか？ー

2023 年 4 月25 日　初版

著　　者　社会保険労務士　中村　文彦

発 行 所　株式会社労働新聞社
　　　　　〒 173-0022　東京都板橋区仲町 29-9
　　　　　TEL：03-5926-6888（出版）　03-3956-3151（代表）
　　　　　FAX：03-5926-3180（出版）　03-3956-1611（代表）
　　　　　https://www.rodo.co.jp　　　pub@rodo.co.jp
イラスト　辻　聡
印　　刷　株式会社ビーワイエス

ISBN 978-4-89761-927-9

落丁・乱丁はお取替えいたします。
本書の一部あるいは全部について著作者から文書による承諾を得ずに無断で転載・複写・複製することは、著作権法上での例外を除き禁じられています。